Michael Junge   Anita Wolfs „Karmatha"

Michael Junge

Anita Wolfs „Karmatha"

Eine Studie

Über den Autor: **Michael Junge**, geb. 1960, Verlagskaufmann, setzt sich seit rund zwanzig Jahren mit dem Werk Jakob Lorbers auseinander und publiziert seit 2004 diesbezügliche Studien.

Bibliografische Information der Deutschen Nationalbibliothek:
Die Deutsche Nationalbibliothek verzeichnet diese Publikation in der Deutschen Nationalbibliografie; detaillierte bibliografische Daten sind im Internet über http://dnb.dnb.de abrufbar.

© 2020 Michael Junge
Herstellung und Verlag:
BoD – Books on Demand, Norderstedt
Printed in Germany
ISBN: 978-3-7504-9458-9

Lektorat: Hanna Rasch, Hückelhoven
Umschlaggestaltung: Kersten Urbanke, Berlin

Geleitwort

Gibt man den Satz „Spricht Gott heute noch?" in eine bekannte Internet-Suchmaschine ein, so stößt man auf knapp zehn Millionen Treffer. Unter den angezeigten Fundstellen sind Antworten vor allem aus dem freikirchlichen und pfingstlich-charismatischen Spektrum zu finden. Der Grundtenor lautet: ein ganz klares Ja! Dazwischen finden sich vereinzelt auch Hinweise auf Kundgaben, die ihre Empfänger und die Anhänger des meist umfangreichen Schrifttums als neue Offenbarungen betrachten. Sie teilen die feste Überzeugung, dass sich Gott in besonderer Weise einzelnen Menschen, Prophetinnen und Propheten, kundgetan habe.

In unserer Religionskultur gibt es Einzelgänger, Leserkreise, Bewegungen und Strömungen bis hin zu Neureligionen, die sich auf neue göttliche Mitteilungen berufen. Verbunden ist damit die Relativierung der Heiligen Schrift, die Behauptung ihrer Insuffizienz, ihrer Verfälschung oder Vorläufigkeit. Damit einher geht oft die Auswanderung aus der Schrift, aber auch eine Kirchenkritik.

Der Begriff ‚Neuoffenbarung' ist erst rund hundert Jahre alt. Geprägt hat ihn Hermann Luger (gest. 1947), evangelischer Pfarrer in Mannheim-Käfertal und überzeugter Anhänger der Schriften des steirischen Musikers Jakob Lorber (1800–1864). Luger verwendete die Bezeichnung erstmals in einem Vortrag am Himmelfahrtstag 1923 bei der ‚Zusammenkunft der Freunde des Neuen Lichts' in Bietigheim: „Was ist Neuoffenbarung? Wir verstehen darunter etwas ganz Bestimmtes, nämlich die von dem steirischen Musiker Jakob Lorber (1800–1864) niedergeschriebenen Mitteilungen, die etwa zwanzig große Bände füllen, Mitteilungen, von denen er behauptet hat, daß dieselben ihm durch innere Erleuchtung und Inspiration zugeflossen seien. Es wären noch andere Namen zu nennen, die auch Träger der Neuoffenbarung sind und die auch auf ähnliche Weise wie Lorber Kundgebungen erhielten, wie Gottfried Mayerhofer in Triest, Hanne Ladner in Bietigheim und der noch in Berlin lebende Leopold Engel u. a." (*Hermann Luger, Bibel und Neuoffenbarung, in: Das Wort 6/1923, 76-83, hier 76*).

An den prinzipiell offenen ‚Neuoffenbarungskanon' Lorbers knüpften weitere Träger und Trägerinnen des sog. Inneren Wortes an. Dazu zählt auch die aus Greiz in Thüringen stammende Protestantin Anita Wolf (1900–1989). Sie war nach ihrer Flucht Mitglied der Evangelischen Kirche Augsburgischen Bekenntnisses in Österreich. Die Botschaften, die sie als „herrlich, geistige Offenbarungen" empfangen haben will, schrieb sie mit einer Schreibmaschine nieder. Ab 1949 entstand das Hauptwerk „UR-Ewigkeit in Raum und Zeit". Kurz darauf folgten „Vier Marksteine aus dem Leben Jesu" und 1951 „Karmatha. Gottes guter Knecht, inkarniert als Jakob Lorber".

Der Autor Michael Junge gilt als exzellenter Kenner der oftmals voluminösen Neuoffenbarungsschriften in der Traditionslinie Lorbers. Er gibt einen sehr interessanten und zuverlässigen Einblick in das Leben und Werk einer bislang eher unbekannten ‚Neuoffenbarerin'. Abschließend werden die neuen Offenbarungen aus der Perspektive der Confessio Augustana, der Bekenntnisschrift der Evangelisch-Lutherischen Kirche, überprüft. Die vorliegende Studie liefert damit für die Erforschung des Phänomens ‚Neuoffenbarung' im zwanzigsten Jahrhundert wichtige Impulse und Einschätzungen.

Dr. theol. Matthias Pöhlmann
Kirchenrat
Beauftragter für Sekten- und Weltanschauungsfragen der Evangelisch-Lutherischen Kirche in Bayern, München

Vorwort

Anita Wolf wurde am 8. November 1900 in Greiz/Thüringen geboren und starb am 6. August 1989 in Weiz/Steiermark. Ihre Eltern waren evangelisch-lutherisch und achteten in der Erziehung ihrer Tochter besonders auf Gewissenhaftigkeit.

Durch ihre Mutter kam Anita schon früh mit dem Werk des Grazer Musiklehrers und ‚Neuoffenbarers' Jakob Lorber (1800–1864) in Berührung, der aus dem katholischen Milieu stammte. Gemeinsam mit ihr besuchte sie auch Lorber-Vorträge in Dresden und Breslau. Schließlich begegnete sie 1921 in Berlin Leopold Engel, dem durch seinen Vater das Werk bekannt war und der das Hauptwerk des Letzteren mit dem elften Band des Großen Evangelium Johannes vollendete.

Das Werk „Karmatha – Die geistige Entwicklung Jakob Lorbers vor seiner Erdenmission", untertitelt mit „Gottes guter Knecht, inkarniert als Jakob Lorber", beschreibt dessen himmlische Vorbereitung auf seine Erdenmission in den Häusern der sieben Engelsfürsten. Es entstand 1951 und wurde 1955 gedruckt. Wolf gibt darin u. a. die Bedeutung des Namens des Engelkindes Karmatha mit ‚geprüft und wohlbefunden' an (vgl. Karmatha 1955, S. 27).

Seit dem Zeitpunkt ihres intuitiven Schreibens stellt sich die Frage: Ist Wolf Empfängerin einer göttlichen Offenbarung oder eine religiöse Schriftstellerin?

Das erste Werk verfasste sie 1949, das letzte 1985. Außer ihrem Hauptwerk „UR-Ewigkeit in Raum und Zeit" schrieb sie noch dreißig ‚Lichtwerke' (vgl. Brunnader 1990, S. 107). Ihre literarischen Erzeugnisse zählen zu den Originellsten unter den neuzeitlichen ‚Neuoffenbarungen' (vgl. Hutten 1997, S. 646).

Mittlerweile liegen einige wissenschaftliche Beiträge über Lorbers Werk vor, die ‚universelle Gottesoffenbarung‘ durch Anita Wolf fand bis heute jedoch kaum Beachtung.

Eine solche ‚universelle Gottesoffenbarung‘ verheißt Aufrichtigkeit. Doch was, wenn diese im Widerspruch zum Augsburger Bekenntnis (Confessio Augustana) steht? Bei diesem handelt es sich nicht um etwas lediglich nach Belieben zu Berücksichtigendes, sondern um das reformatorische Grundbekenntnis und so wird insbesondere am Beispiel des Werks „Karmatha" der Frage nachgegangen, inwieweit Wolf diesem Grundbekenntnis treugeblieben ist.

Düsseldorf, Mai 2020
Michael Junge

Inhalt

I Vita Anita Wolf

Anita Wolf, nach Ihrer Geburtsurkunde und ihrem Staatsange-
hörigkeitsausweis der Bundesrepublik Deutschland Anna Elisabeth Wolf, wurde am 8. November 1900 in Greiz/Thüringen geboren (vgl. Brunnader 1990, S. 62–63).

Ihr Vater, Oskar Wolf, geboren am 4. Februar 1874, war evangelisch-lutherisch und starb am 8. November 1916 in Greiz.
Ebenso war ihre Mutter Ernestine, geborene Helm am 2. Februar
1867, evangelisch-lutherischer Konfession und sie starb am 28.
Juli 1941, ebenfalls in Greiz. Das Ehepaar Wolf hatte insgesamt
sieben Kinder. Josef und Walter verstarben noch vor Anitas Geburt, Mariele bereits als Kleinkind nach Anitas Geburt. Ihr älterer
Bruder Alfred (1898-1976) starb in Hannover, ihre Schwester El-
se (1899-1973) im Saarland und ihr jüngerer Bruder Ernst (1905-
1983), der als Einziger das spätere Werk seiner Schwester an-
nahm, in Greiz. Anita wurde getauft und konfirmiert, doch da
diesbezüglich keine Urkunden vorliegen, bleiben die Daten sowie
der Tauf- und der Konfirmationsspruch unbekannt.

Bis zum Beginn des Ersten Weltkrieges verlebte Anita eine an-
genehme Kindheit. Ihr Vater war Getreidehändler und die Familie gut situiert; die Eltern beschäftigten mehrere Bedienstete.
Durch ihre Mutter kam Anita mit dem Lorberwerk in Kontakt
und begegnete 1921 in Berlin Leopold Engel (1858-1931), der
den elften Band des Großen Evangeliums Johannes durch das ‚innere Wortdiktat' schrieb und damit Lorbers im Zeitraum zwischen 1891 und 1893 verfasstes Hauptwerk vollendete (vgl. Hutten 1997, S. 624). Nicht selten waren auch Lorberfreunde bei Familie Wolf in Greiz zu Besuch.

Mitte der 1930er Jahre stellten sich bei Anita gesundheitliche Probleme mit der Galle und den Augen ein, weshalb sie am linken Auge operiert werden musste, was eine bleibende Schwächung ihrer Sehkraft zur Folge hatte.

Sie arbeitete als stellvertretende Urkundenbeamtin im Greizer Amtsgericht, bis sie 1942 kriegsverpflichtet wurde und nach Russland kam. In Niederösterreich geriet sie, als sie 1945 von Russland über die Tschechoslowakei flüchtete, in russische Gefangenschaft. Diese verbrachte sie zwar nicht in Sibirien, sondern in der Nähe von Krems in Niederösterreich, war aber auch hier dennoch harter Arbeit bei wenig Essen und großer Kälte im Winter ausgesetzt. Während der winterlichen Gefangenschaft hörte sie laut eigener Aussage um sich herum ein sanftes Säuseln und dann deutlich die Worte: „Ich bin der ewig heilige UR – ich bin der ewig Einzige der Wahrhaftige; sei getrost" (Brunnader 1990, S. 19).

In der Nacht vor Antritt ihrer Flucht nach Deutschland im Frühjahr 1948 habe sie dann einen Traum gehabt, in dem sie zwei alte Leute, die ebenfalls im Gefangenenlager waren, gesehen, und eine Stimme sagen gehört habe: ,Wenn du diese beiden alten Menschen mitnimmst, kommst du durch.' Auf der Flucht erfuhr sie mehrfach die so versprochene Hilfe und entkam ohne Papiere über Salzburg und München, nachdem sie vergeblich im Saarland versucht hatte, über die Grenze zu kommen, was die Franzosen ihr verwehrten, bis nach Hannover, wo sich ihr Bruder Alfred aufhielt. Die Stadt war, wie viele andere auch, stark zerbombt so dass große Not herrschte und es keine Wohnungen gab. Als ,Ostflüchtling' erhielt Anita einen Raum in einer alten Schule, in dem sie fast bis 1965 lebte. In den zurückliegenden schweren Zeiten in Hunger und Kälte hatte ihr Gesundheitszustand gelitten.

Außerdem bekam sie nur eine geringe Rente, weil sie bereits arbeitsunfähig war. Trotz dieser äußeren Not verspürte sie den inneren Drang, Vieles niederschreiben zu müssen, jedoch nicht Kriegserlebnisse, sondern ‚herrlich, geistige Offenbarungen'. Über den Empfang ihrer Werke sagte sie: „Es kommt eben (intuitiv). Es hat keinen Sinn jemand nachzuahmen – wichtig ist was uns gegeben wird und dass es da ist!" Sie schrieb direkt per Schreibmaschine und korrigierte anschließend die Orthografie.

1949 begann sie mit ihrem Hauptwerk „UR-Ewigkeit in Raum und Zeit". Es folgten 1949/50 die „Vier Marksteine aus dem Leben Jesu" und 1951 „Karmatha. Gottes guter Knecht, inkarniert als Jakob Lorber". Die beiden letztgenannten erschienen 1955, ebenso wie „Der Patriarch" kostenpflichtig, im Urgemeinde-Verlag Karl L. Veit in Wiesbaden. Karl Ludwig Veit gründete weiterhin, ebenfalls in Wiesbaden, den Ventla-Verlag für Ufo-Literatur wie auch die Zeitschrift „UFO-Nachrichten".

Wolf pflegte neben dem Verfassen ihrer literarischen Werke umfangreiche briefliche Korrespondenzen, in denen sie den Adressaten häufig Fragen beantwortete, und hielt Vorträge. Ihre „Vortragsmappe" entstand zwischen 1952 und 1964 und wurde 1983 gedruckt.

1956 kam der gelernte Schlosser und geistige Wahrheitsucher Josef Brunnader, geboren am 5. Februar 1928 und verstorben am 27. Dezember 2018 in Weiz/Steiermark, mit Schriften der Urgemeinde in Berührung. Im Urgemeinde-Heft 17, dem dritten Band von „Karmatha", ist zu lesen:

In diesen Schriften der URGEMEINDE GOTTES gibt unser lieber himmlischer VATER, durch Seine Diener und Werkzeuge, SELBST Aufklärung über Seinen LIEBE- UND HEILS- PLAN. Alle Menschen mit gutem Willen sind berufen mitzuar-

beiten an der Aufrichtung des kommenden FRIEDENSREI-
CHES unter der Herrschaft CHRISTI. Überzeuge Dich selbst
von der Tatsache: daß direkte Verbindung besteht zwischen JE-
SUS, dem OBERHAUPTE SEINER GEMEINDE und SEI-
NEN KINDERN DES LICHTES, die der unmittelbaren GOT-
TESFÜHRUNG unterstehen, durch Sein Beglückendes VA-
TERWORT und BEKANNTGABE SEINES hoheitsvollen
Willens, zur Erlösung und Beseligung **aller** Erdenseelen (Kar-
matha 1955, S. 224).

So bestand die Urgemeinde als Verbreiter von Schrifttum anstatt als Gemeinschaft der Herausgerufenen. Nachdem er die
Schriften Jakob Lorbers gelesen hatte, war Brunnader von diesen
so angetan, dass er auch mit Anita Wolf in Briefkontakt trat, woraus sich eine bis zu deren Lebensende bestehende Freundschaft
ergab.

Zur anfänglichen Verbreitung des Hauptwerkes war ein Abschreiben mit der Schreibmaschine erforderlich, was Schwestern
leisteten. Ein solches Exemplar des Werks erhielt auch Brunnader.

1961 wurde zur Weiterverbreitung des Werkes die Vereinigung Treuhandgruppe e. V. (VTG) in Weiz gegründet. Die
Zweigstelle für die BRD besetzten Jürgen und Karin Herrmann
in Ditzingen. Laut der Internetseite anita-wolf.de gehört Herrmann neben Manfred Becker zum vertretungsberechtigten Vor-
stand dieses Anita-Wolf-Freundeskreis e. V. Stuttgart. Nach
Gründung des Vereins übergab Wolf diesem ihr gesamtes Werk.
So wurde die Voraussetzung dafür geschaffen, dass es bis heute
stets kostenfrei erhältlich ist.

1965 zog Wolf bei Josef und Eleonore Brunnader in Weiz
ein, wurde herzlich in die Familie aufgenommen und verfügte

nun über ausreichend freie Zeit zum Verfassen weiterer Schriften.

Im Jahre 1967 erschien das freie geistwissenschaftliche Mitteilungsblatt „UR – Das wahre Ziel", dessen erster Beitrag unter den Initialen J. B. veröffentlicht wurde. Vermutlich handelt es sich bei dem Autor um Josef Brunnader.

1980 schrieb Wolf unter dem Titel „Ein Jahrgang durch Gottes Wort" erstmals ein eigenes Buch. Dabei verwendete sie die noch im Gebrauch befindliche alte Ziehbibel (AZB) ihrer verstorbenen Mutter. Für jeden Tag im Jahr findet sich darin ein Bibelvers, ein Abschnitt aus Wolfs Werk, eine Glaubensliedstrophe und abschließend ein eigenes Gebet.

Die damals inzwischen Achtzigjährige empfand somit die Bibel, ihr eigenes Werk und Glaubenslieder als eine Einheit.

Wolfs dankbare Liebe zu ihrer Mutter ging weit über deren Tod im Jahr 1941 hinaus, wie folgende drei ihr gewidmete Gedichte zeigen: ‚Zum Sterbetag' (In harter Fremde 1947), ‚Zum 7. Himmelsgeburtstag' (Vor Mamas Bild, 1.2.1948), ‚Zum Muttertag 1949' (vgl. Gedichte 1984, S. 6–7, 20, 25).

Wolf war in Österreich Mitglied der Evangelischen Kirche A. B. (Augsburgischen Bekenntnisses, lutherisch). Auf eigenen Wunsch lebte sie seit 1975 im neu errichteten Pensionistenheim in Weiz/Steiermark und besuchte dort lediglich am Karfreitag den Gottesdienst in der Heimkapelle. Am 6. August 1989 verstarb Anna-Elisabeth Wolf in der Steiermark, der Heimat Jakob Lorbers.

II Reformations-Grundbekenntnis

Wolf wurde getauft und bekräftigte mit der Konfirmation in der evangelisch-lutherischen Kirche in Thüringen ihren christlichen Glauben. Sie gehörte bis zuletzt in Österreich der evangelisch-lutherischen Kirche A. B. an. Wie beeinflusste jedoch das intuitive Schreiben ihren Glauben? Hält die verheißene Aufrichtigkeit einer ‚universellen Gottesoffenbarung' stand oder verleitete diese vielmehr zum taktierenden Handeln und somit zur Beliebigkeit?

Die Zielsetzung des von Kaiser Karl V. 1530 in Augsburg einberufenen Reichstags bestand darin, die Gemeinschaft mit der katholischen Kirche wiederherzustellen. Damit wurde Philipp Melanchthon (1497–1560), Freund und Mitarbeiter Martin Luthers, von den evangelischen Fürsten und Reichsstädten beauftragt. Somit war das Augsburger Bekenntnis (die Confessio Augustana, im Folgenden abgekürzt CA) ursprünglich ein ökumenisches Bekenntnis, wenn es auch letztlich die Kirchenspaltung nicht verhindern konnte.

Um in der anschließenden Analyse ergründen zu können, ob Wolf im Werk „Karmatha" der wichtigsten Bekenntnisschrift der lutherischen Kirchen treugeblieben ist, folgt hier zunächst die Abschrift aus dem ersten Teil, Artikel des Glaubens und der Lehre, Artikel 1, Von Gott:

> Zuerst wird gemäß dem Beschluß des Konzils von Nicäa (325)[1] einmütig gelehrt und festgehalten, daß ein einziges göttliches Wesen sei, das Gott genannt wird und wahrhaftig Gott ist und

---

[1] Dieser Artikel bezieht sich auf das Nicäno-konstantinopolitanische Glaubensbekenntnis von 381, das heute allgemein als „Nicänum" bezeichnet und neben dem apostolischen Glaubensbekenntnis im Gottesdienst benutzt wird. Dieses Bekenntnis verbindet die meisten christlichen Kirchen.

doch drei Personen in diesem *einen* göttlichen Wesen sind, jede gleich mächtig, gleich ewig: Gott Vater, Gott Sohn, Gott Heiliger Geist. Alle drei sind *ein* göttliches Wesen, ewig, unteilbar, unbegrenzt, von unermeßlicher Macht, Weisheit und Güte, *ein* Schöpfer und Erhalter aller sichtbaren und unsichtbaren Dinge. Unter dem Wort ‚Person' wird nicht ein Teil oder eine Eigenschaft von etwas anderem verstanden, sondern etwas, das in sich eigenständig ist, so wie die Kirchenväter diesen Begriff in dieser Sache gebraucht haben.

Deshalb werden alle Ketzereien verworfen, die diesem Artikel widersprechen, wie die Manichäer, die zwei Götter annehmen: einen bösen und einen guten; ebenso die Valentinianer, Arianer, Eunomianer[2], Muslime[3] und alle, die ähnlich denken. Verworfen werden auch die Samosatener[4], die alten und die neuen, die nur eine Person annehmen und über die beiden anderen, nämlich ‚das Wort' und den Heiligen Geist, die spitzfindige Ansicht vertreten, es seien nicht ‚unterschiedliche Personen', sondern ‚das Wort' bedeute so viel wie gesprochenes (urspr.: leiblich) Wort oder Stimme, und der Heilige Geist sei eine erschaffene Regung in den Geschöpfen (CA 1988, S. 23).

---

[2] Die erwähnten häretischen Gruppen aus den ersten Jahrhunderten bestritten die Wesenseinheit Christi mit Gott.

[3] Da diese die Trinität leugnen.

[4] Nach Paul von Samosata, Bischof von Antiochien 260-268.

III Das Werk „Karmatha"

1. Einleitung

Zunächst muss an dieser Stelle kurz auf die mittlerweile drei Versionen von „Karmatha" hingewiesen werden. Die Originalfassung bestand aus drei Heften oder dem Sammelband, der im Urgemeinde-Verlag erschien, der sich als Urgemeinde Gottes verstand. Der Nachdruck des Sammelbandes erschien ohne den Hinweis auf die Schriftenreihe seitens der Urgemeinde Gottes und wurde stattdessen ergänzt um sämtliche Werke Anita Wolfs. Die gegenwärtig im Internet erhältliche Version entspricht einer Revision des Werks, ohne dass dort jedoch auf diese Tatsache hingewiesen wird. Dabei wurde die gesperrte Formatierung einzelner Wörter weggelassen sowie einzelne Wörter im Zuge von Korrekturen entfernt und eingefügt. Das Selbstverständnis als Urgemeinde Gottes wandelte sich so zur Institution des Anita-Wolf-Freundeskreis e. V. für die suchenden Lichtfreunde.

Die Bibel ist Grundlage des christlichen Glaubens und wird durch den Heiligen Geist zum Wort und somit zur Offenbarung Gottes. Beim Phänomen der ‚Neuoffenbarung' wird davon ausgegangen, dass es neben der Bibel weitere Offenbarungen von gleichem Stellenwert gibt. So hörte Jakob Lorber eine ‚innere Stimme' und nahm an, dass sich ihm darin Jesus Christus offenbarte. Das darauf basierende Werk nannten seine Freunde ‚Neuoffenbarung'. Seitdem erklärten wiederholt einzelne Menschen, wie bspw. Leopold Engel, Gottfried Mayerhofer, Max Seltmann und Ida Kling, die ebenfalls zur ‚Neuoffenbarung' gezählt werden, an sie sei das ‚Innere Wort' ergangen. Diese berichten u. a. vom Leben Jesu, der Schöpfung, dem Jenseits und vom Verhältnis Gottes zu seinen Kindern. Auch das Werk Anita Wolfs zählt zur ‚Neuoffenbarung'. Dessen Besonderheit besteht darin, dass sie die geistige Schöpfung erklärt und alles aus dieser Sichtweise darzustellen weiß. So nennt sie u. a. als menschliche Inkarnationen von Engeln bspw. Mose, Elia und Abraham, aber auch Hus, Luther und Lorber. Mit dem Werk „Karmatha", in dem sie von der geistigen Schulung in ihrer Vorexistenz in der geistigen Schöpfung berichtet, bestätigt Wolf somit das Werk der ‚Neuoffenbarung' Lorbers. Die folgende Analyse wird zeigen, inwieweit es dem Anspruch gerecht wird, gleichwertig neben der Bibel und nicht in Widerspruch zur Confessio Augustana zu stehen.

Wolf berichtet dabei mit einer derartigen Leichtigkeit über Gott, als gebe es für sie weder Gebot oder Katechismus noch Bekenntnisse und Grundsätze. Auf religiös Suchende scheint dies keinesfalls alarmierend zu wirken, sondern sie erkennen hierin vielmehr eine ‚universelle Gottesoffenbarung'. Damit wird jedoch die Ehrfurcht vor dem Wort Gottes gebrochen und in Beliebigkeit verwandelt. Argumentativ wird dies damit begründet, dass es um geistige Weite und nicht um gläubige Enge geht.

So sollten alle Kinder erkennen, daß nicht nur eines erwogen werden darf, um einst den letzten Schleier des Geheimnisses b e w u ß t zu lüften, sondern daß A l l e s zu bedenken ist, was mit der UR=Gottheit in Berührung steht. Nennet aber Eines, im Universum oder auf der Erde, was nicht mit der Gottheit verwoben ist?! D a i s t K e i n e s ! Also suchet; bleibt nicht stehen bei der Erkenntnis, die vielen Kindern die letzte zu sein dünkt. Es gibt einen wahrhaftigen Glauben, der aus jeder neuerwachten Erkenntnis die kaum begreifliche ‚Ahnung' eines neuen Werdens hervorruft. – Dieser Glaube ist das Leben zum urewigen Sein!
Wer das versteht, ist wahrhaftig zu Besonderem erkoren, das nicht im Voranstehen vor anderen Kindern liegt, sondern allein

in d e r Erkenntnis, die aus allem geborenen Neuen das Ziel des Fortschrittes wahrnimmt, die Entwicklung, Weiterbildung, das Hineinleben selbst in die tiefsten Tiefen der Gottheit!! Gingen die Kinder aus der Tiefe einer urewigen Gottheit hervor, - wo anders auch sollten sie hervorgegangen sein -, so muß es unter den waltenden, unwandelbaren Gesetzen heiliger Schöpfungsliebe, die ‚Barmherzigkeit‘ heißt, ein gleiches ‚Zurück‘ geben, und jegliches Kind muß die Möglichkeit und Fähigkeit erhalten, wieder eins zu werden mit der Tiefe, aus der es einst geboren ward. Es gibt auch kein Ausweichen, kein: ‚Herr, ich wußte das nicht‘! ‚Vater, ich glaubte, das dürfte ich nicht‘! Jedes Kind, das einmal einen Zipfel des heiligen Gott=Geheimnisses zu lüften verstand, trägt unwiderruflich den Drang zum weiteren Erkenntnisleben in seinem geistigen Herzen. Dieser Drang ist ausführbar; ob bis zum Letzten, sei dahingestellt. Aber es gibt in des heiligen Priesters Schöpfungswalten Wege in nicht zählbarer Vielgestaltigkeit, so daß jedem Kinde Möglichkeit und Fähigkeit übertragen wurde. – Der Weg, einmal ernstlich mit festem Willen angefangen, ist in diese Tiefen hinein nicht schwer; aber er verlangt unausgesetzte Opferung des Ego, wie Gott unausgesetzt Sein ‚Ich‘ opfert – an a l l e K i n d e r ! wenngleich a u c h auf verschiedenen Wegen zufolge verschiedenster Bedingungen!! Darum ist des Kindes Opferweg ebenso ein schwerer, und muß es sein, sonst wäre der Lohn des Opfers nicht wert, wie das Opfer nicht des Lohnes würdig.

Damit aber auch die letzten Kinder der armen und doch unerhört reich gesegneten Erde auf die größtmögliche Fähigkeit zu diesem Wege aufmerksam gemacht werden können, soll aus der Gruppe der eingangs erwähnten ‚neugeborenen himmlischen Kindlein‘ der Werdegang einer solchen Lichtseele beschrieben werden. Wem der Weg nun eine eigene Richtung anzeigt, der gehe dahin, und sein Werdegang wird sich zur höchsten Freude der G o t t h e i t, nicht allein nur jener des Vaters erfüllen! Denn der Vater ist in der Gottheit, und s i e bringt dem Geborenen den Vater als Mittler, als unlösbare Bindung zwischen dem Kindgeschöpf und dem Vater=Schöpfer (Karmatha 1955, S. 6–7).

<u>Anmerkungen</u>

Aus dem ersten Artikel des Apostolikums lassen sich die Vier (Gott, Vater, Allmächtiger, Schöpfer) herauslesen und bei den Gaben des Heiligen Geistes finden sich gemäß Jesaja 11,2 die Sieben (Geist des Herrn, der Weisheit, des Verstandes, des Rates, der Stärke, der Erkenntnis und der Furcht des Herrn). Sowohl im Nicänum als auch im Apostolikum hat der Glaube einen festen und zugleich unergründlichen Inhalt.

Die Spiritualität kennt einerseits das ‚ruminatio', das Betrachten von Versen der Lutherbibel sowie von Strophen des Evangelischen Gesangbuchs (EG), als das sogenannte ‚Wiederkäuen' bis zur vollständigen Aneignung des Textes. Die erfahrbare Spiritualität andererseits ist beim Feiern des Gottesdienstes zu erleben. Beides dient einem zunehmend tieferen Verständnis des Glaubens.

Für Unbedarfte ist die Einleitung nicht leicht zu verstehen. Sie ist mit der subtilen Warnung versehen, dass nur der „wahrhaftige[...] [...] Glaube [...] das Leben zum urewigen Sein" (ebd., S. 16) darstelle. Somit muss aber auch ein unwahrhaftiger Glaube existieren. Hier begegnet eine andere Terminologie, aus der jedoch eine religiöse Anlehnung herausklingt: die vier Wesenszüge der UR-Gottheit, Vater, Gott, Priester und Schöpfer. Die sieben Engelsfürsten sind Träger von Eigenschaften: Träger der Liebe, der Geduld, des Ernstes, der Weisheit, des Willens, der Ordnung und der Barmherzigkeit. Hier wird eine Gottheit vorgestellt, deren zentrales Thema die erstmalige geistige Kindsschöpfung ist. Durch die Auflehnung des ersten großen Engels, Sadhana, hat sich ein Drittel der restlichen Engel ebenfalls von Gott abgewandt. Gottes Heilsplan besteht jedoch darin, dass irgendwann alle gefallenen Engel wieder zu Gott zurückfinden. Mit Golgatha hat er deshalb selbst die Erlösung eingeleitet und die Lichtkinder, ihm treu gebliebene Engel, sollen dabei mitwirken. So regt sich auch bei dem Engelskind Karmatha diese Erkenntnis. Die Lesenden erhalten nun Einblick in dessen geistige Entwicklung in den Häusern der sieben Engelsfürsten. Gerne findet dabei ein Pauluswort Anwendung (vgl. Brunnader S. 3) und scheint hier durch das „Hineinleben selbst in die tiefsten Tiefen der Gottheit" (Karmatha 1955, S. 16) bestätigt zu sein, ob es jedoch auch der CA gerecht wird, wird sich in der weiteren Analyse zeigen (vgl. 1 Kor 2,10).

2. Hauptteil

a) Liebe

Als erstes erfolgt die Schulung in der Eigenschaft der göttlichen Liebe. Hier lehrt die Gottheit selbst die gnostische Variante der Seelenwanderung vom Engel zum Menschen. Damit findet eine Aufwertung des Menschen Jakob Lorber statt. Gleichzeitig geht jedoch die Präexistenz Jesu Christi in Bedeutungslosigkeit auf.

> Da umschließt der Vater in Einem Seine glücklichen Kinder, segnet sie und spricht:
> ‚Karmatha, deine Bitte wird erfüllt! Kehrst du einst in Mein Reich zurück, so wirst du erkennen, daß Ich für dich die beste, die gesegnetste Zeit wählte. Denn wenn die Erde, nachdem Meine hinterlassene Lehre wieder etwas zum wahren Anschein gelangte, einer Erneuerung bedarf und Mein bis dahin zur größten Unkenntlichkeit verzerrter Erdenweg im klaren Lichte aufgerollt werden muß, sollst du es sein, der den für diese Zeit größten und wichtigsten Teil der Arbeit zu leisten hat. Das durch dich ausgehende Licht als Ausbreitung der Wahrheit wird Grundstock zu noch tieferen Erkenntnissen, die bis zur letzten Erdzeit ausrei-

chen. Dieser Grundstock trägt die letzte Offenbarung. Beides öffnet für immer a l l e n Kindern das Tor des ewigen Lebens. Wer dann Meinen dir offenbarten Lebensweg vollernstlich in seinem Herzen erkennt und danach handelt, hat Meinen Weg zu dem seinen gemacht und wird also Mein UR=Grundlicht voll wahr in solchem Kinde zu Hause sein. Auf dem durch dich gegebenen Erkenntnisgrundstein werden Meine Liebe und Wahrheit den Erdkindern aufs Neue und letztwillig als ewiges Heil, als die ‚Hütte‘ gebracht. Kurz vor dem Welten=Ende setze Ich dann noch ein besonderes Gnadendach darauf, auf welche Weise die Meinen eine ewige Heimat erhalten.[5]

Ich bin Alles in Allem! Ich legte den Grundstein für die Erde während Meines Erlösungslebens; doch bis du deine hohe, von Mir gesegnete Mission antreten wirst, ist dieser UR=Grund wieder verborgen. Die Menschen decken ihn sich selber zu. Darum wird er durch dich wieder hervorgebracht, und es soll dann Meine Barmherzigkeit walten nach Meiner Offenbarung.

Deshalb sei fleißig, Mein Kind; diene Mir in demutsvoller Liebe, und sei gehorsam gegen Rafael und Agralea, wenn du auch eine hohe Verheißung empfingst. – Auch ihr ersten Lichter Meines Herzens nehmt Meinen hohen Segen entgegen. Ihr seid die festen Stützen und erkennt, was die ferne Zukunft bringt. Was ihr Meinem Herzen seid, ermesset ihr wohl; doch die UR=Grundtiefe, aus der das neue Werden kommt, ist auch euch verborgen. Nur ahnungsweise spürt ihr es, weil das Tagewerk für das Reich noch nicht das vollkommene Ende trägt.

Für den Liebe=Schöpfungstag bleibt euch zu erforschen nicht mehr viel übrig, habt ihr doch Mein Herz nahezu zu dem euren und euer Herz fast zu dem Meinen gemacht! Ja, eure Fackeln sind ein lebendig gewordener Odem Meiner UR=Gottwesenheit!‘ (Karmatha 1955, S. 15-16).

---

[5] Diese Prophezeiungen des Herrn erfüllen sich in vorliegenden alljüngsten Offenbarungen aus Seines Herzens Tiefen.

Anmerkungen

Zum besseren Vermitteln sowie zum leichteren Lernen hat Martin Luther in „Der große und der kleine Katechismus" das Prinzip von Fragen und Antworten gewählt. Dieses Prinzip kommt auch in ,Neuoffenbarungen' immer wieder zum Einsatz. Besonders deutlich zeigt sich dies im Werk „Karmatha", weil hier ein Engelskind gelehrt wird. Von einer überzeugten Autorität lernt der Mensch gerne. Somit liegt es nahe, ganz besonders wachsam zu sein, wenn die Gottheit, der Vater, eine Rede hält. Unwillkürlich werden die Gedanken übernommen und sich im Laufe der Zeit zu eigen gemacht. Wenn das Engelskind Karmatha zunächst noch nicht alles versteht, sinnt es darüber nach und begreift es schließlich doch. Die Hoffnung darauf wird auch bei den Lesenden geweckt, so dass sie die Belehrung des Vaters immer mehr annehmen. Schließlich ist auch zu lesen, dass die „hinterlassene Lehre [...] einer Erneuerung bedarf" (ebd., S. 16) und diesen „größten und wichtigsten Teil der Arbeit" (ebd.) das Engelskind Karmatha als Jakob Lorber „leisten" (ebd.) wird. Hiermit bestätigt die Gottheit, der Vater, dass Lorbers Offenbarung wahr ist. Die universelle Gottesoffenbarung durch Anita Wolf bestätigt so die ,Neuoffenbarung' von Jakob Lorber. Wolf hatte große Achtung vor dem Reformer und Kämpfer für Gottes Wahrheit Martin Luther. Sie achtete außerdem die Bibel sehr, denn all ihre Offenbarungswerke basieren auf den biblischen Grundwahrheiten (vgl. Brunnader, S. 12). Hierdurch kann der Eindruck entstehen, dass sowohl die Bibel und der Inhalt der beiden Lehren des Katechismus als auch das Werk „Karmatha" im Grunde wahr sind, auch wenn sie sich unterschiedlich ausdrücken. Der evangelische Theologe Andreas Fincke fand jedoch bei Lorber ein irriges Jesus- bzw. Christusbild, weshalb es seiner Auffassung nach nicht

26

der Herr gewesen sein kann, der zu Lorber sprach (vgl. Fincke 1992, S. 180). Je mehr Lesende versuchen, den Vater im Werk „Karmatha" zu verstehen, desto stärker müssten sie es zugleich jedoch akzeptieren, ihn künftig nicht mehr kritisch reflektieren zu können. Luther bat, dass alle Christen sich „täglich gut im Katechismus üben" (Katechismus 2003, S. 7). Auch eine große Achtung Wolfs vor Luther befreit nicht von dieser Bitte. In der CA wird die Liebe als der „für uns geltende[...] göttliche[...] Wille[...]" bezüglich Bedeutung und Gebrauch der Sakramente konkretisiert, anstatt sie, wie Jakob Lorber, spekulativ durch Gesprächswiedergabe aus der geistigen Schöpfung zu verlegen (vgl. CA 1988, S. 29–30). Liebe beinhaltet stets auch Verantwortung und schließt demnach die Bestätigung von Irrigem und Falschem aus. Somit scheint die UR-Gottheit Vater einer verantwortungsvollen Liebe keineswegs nachzukommen.

b) Geduld

Als zweite begegnet zur Schulung die Eigenschaft der göttlichen Geduld. Gottes Geduld mit der Wiederkunft Christi in Herrlichkeit ist der Menschen Rettung, denn er möchte nicht, dass jemand verloren geht, sondern dass alle zur Buße finden. Die Bereitschaft zum steten Umdenken ist dabei von Bedeutung, weshalb Luther sagte, dass ‚das ganze Leben der Gläubigen Buße' sei. Somit bilden Buße und Geduld die Voraussetzungen, um falsche Propheten/innen aufspüren zu können.

Rafael und Alaniel sagen:
‚Karmatha wird den Kronanteil der ewig=unwandelbaren Liebe nicht verlieren. Doch warten wir die Stunde der Berufung ab. Dann kann das Kind das Lichtwort abermals zur Erde tragen

und das in einer Wahrheit, wie es nach der Hohen Opferung bis dahin kaum geschieht.'

[...]

Liebevoll neigt der Vater sich zu ihm [Karmatha] herab, hebt ihn an Sein Herz und spricht:

,Gesegnet ist die Zeit, wo das Licht die letzte Offenbarung sendet! Aber erst muß hier geschehen, was hernach dem Orte Meines Opfers gegeben werden soll. Die Barmherzigkeit hat den Grund zur Voll=Erlösung hergestellt, den Meine Ordnung für alle heiligen Eigenschaften der Schöpfung gab. Darum soll später auf der Erde für alle dunklen Sfären das Licht aus Meiner persönlichen Opferzeit aufs Neue angezündet werden. Dazu gebe Ich Segen, Frieden, Kraft und Gnade allen Kindern, die ihre Hände zur letzten heiligen Krönung regen.' Nach diesem Wort übergibt der Vater das Kind dem Muriel, legt die Hände auf das Fürstenpaar und spricht:

,Nehmt Karmatha in eure Obhut, wie ihr in der Meinen steht. Ich sehe, wieviel Dankbarkeit und Freude in euren Herzen Einkehr hält. Wohl euch, ihr seid zu jeder gesegneten Tat bereit, damit sich auch durch euch Mein Schöpferplan erfüllt! Ihr, Alaniel und Madenia, seid ebenfalls gesegnet; ihr habt am Kinde mehr getan, als fürs Erste nötig war. Euer Liebedienst wird gute Früchte bringen.

Und ihr, Rafael=Agralea, habt das euch anvertraute Kind zu einem echten Karmatha erzogen. In stetem Aufschauen zu Mir habt ihr eures Wesens Liebe hingegeben. Nun ist er schon ein wahres Liebe=Kind. Doch erst am Ende bei den letzten Halleluja=Rufen des Liebe=Schöpfungstages werden allen Kindern die tiefsten Bedeutungen des Erlösungsplanes offenbar, euch Ersten aber auch der Sinn von jenen Zeiten, die Ich – aus Meinem UR= Quell herausgehoben – schon an euerm Auge vorüberziehen ließ. Wohl habt ihr Fürsten und ersten Engelsträger schon fast vollendet Meine Wesenheit in euch, soweit sie für das Tat=UR= Jahr dem Tagewerk zugeeignet ward. Doch erst der Abend kann den letzten Schleier lüften, weil ihr bis dahin noch um ein kaum zählbar Vielfaches mit Mir in engste Einheit tretet. Auch das vollendetste Kind kann in Meine UR=Wesenheit nicht tiefer drin-

gen, als Ich Mich zum Schöpfungsfortschritt raum= und zeit-
gemäß enthülle. Soweit Ich aber Mein UR=Ich dem sechsten
Schöpfungstage nahe brachte, so nahe seid ihr Ersten schon zu
Mir getreten und in Mein UR=Herz eingedrungen. Meine Liebe
ergoß sich vollsten über euch, als ihr eure Herzen Mir abermals
zum Opfer angeboten habt.' (Karmatha 1955, S. 42–44).

Anmerkungen

Unsichtbar sind die Glieder am Leib Christi und dennoch feiern
die Herausgerufenen, die Ecclesia, Gottesdienst. Weltweit alle,
die gläubig auf das Wort Gottes hören, sind Teil der Familie Gottes bzw. des Gottesvolks. Familiäre Bande sind wichtig, dennoch
hat das Volk Gottes eine übergeordnete Stellung. Gläubige finden
ihre geistige Heimat meist erst in der Ecclesia. Der Heilige Geist
führt die Herausgerufenen in die Gemeinschaft der Heiligen, die
Kirche. Diesen Ruf kann jeder vernehmen, dazu bedarf es keiner
besonderen Schulung. Zwar ist eine anfängliche Unterweisung in
den christlichen Glauben notwendig, doch der Glaube ist ein Geschenk des Herrn und keinesfalls menschliches Verdienst. Im
Werk „Karmatha" findet sich eine differenzierte Lehre von den
Engeln und deren Fürstenhäusern. Die überzeugende und detail-
reiche Ausdrucksweise kann dazu verleiten, sich immer eingehen-
der mit den Engeln zu beschäftigen, und dem religiösen Verstand
bietet sich hier eine ausreichende Basis für Spekulationen über
Inkarnationen. Dass Engel sich als Menschen verkörpern wird als
gegebene Tatsache vorausgesetzt. Somit geht es hier nicht mehr
um das Volk Gottes, sondern um den einzelnen wichtigen Auftrag, die Mission eines Engels, inkarniert in einem Menschen auf
Erden. Folglich ist die Verbindung zwischen Himmel und Erde
hergestellt. Ein Engel gilt nicht mehr nur als Bote Gottes, sondern
kann in jedem Menschen inkarniert sein. Damit wird die natür-

liche Furcht gegenüber Engeln (vgl. Lk 2,9) abgebaut und der Mensch darf in „Karmatha" sogar deren Dialoge hören. Die Engel Rafael und Alaniel verkünden, das Engelskind Karmatha werde das „Lichtwort abermals zur Erde tragen und das in einer Wahrheit wie es nach der Hohen Opferung bis dahin kaum geschieht" (Karmatha 1955, S. 42). Damit bestätigen zwei hohe Engel den Offenbarungswert der Worte, die später das reife Engelskind Karmatha, inkarniert als Jakob Lorber, hinterlassen wird. Dagegen postuliert die katholische Theologin Andrea Daxner, dass das Werk Lorbers u. a. hinsichtlich seines Gottesbildes, seiner Schöpfungs- und seiner Erlösungslehre gravierende theologische Unschärfen und Unwahrheiten enthält (vgl. Daxner 2003, S. 260). Weder Wolf noch Lorber führen die Gläubigen in die Ecclesia und somit auch nicht zum Wort Gottes. Gemäß der CA

> genügt [es] zur wahren Einheit der christlichen Kirche, daß das Evangelium einmütig im rechten Verständnis verkündigt und die Sakramente dem Wort Gottes gemäß gefeiert (urspr.: gereicht) werden (CA 1988, S. 27),

während sich die ‚Neuoffenbarungen' so verstehen lassen, dass die Kirchen in Bedeutungslosigkeit aufgehen werden, obwohl es tatsächlich umgekehrt ist. Gegenüber den Aussagen der Engel über das Lichtwort oder denen des Vaters über das Tat-UR-Jahr scheint das Wort Gottes zu verblassen, so dass es nicht mehr regelmäßig gelesen wird. Bei den Belehrungen im Himmel geht es um das, was das eigene Herz bereits eigenständig erkennt. Die Belehrung mit dem und durch das Wort findet dagegen keine Erwähnung. Dies lässt den Umkehrschluss zu, dass, wenn Engel das Wort Gottes nicht brauchen und der Mensch sich möglichst an Engel hält, eine Beschäftigung mit dem Wort Gottes auf Erden unnötig sein könnte. Somit steht die durch Wolf postulierte umfassende, universelle Gottesoffenbarung entgegen oder sogar über der durch die Bibel.

Die Besonderheit von Gottes Volk bestand in der Vergangenheit in geduldigem und dennoch spannungsvollem Warten auf den verheißenen Messias und zeigt sich in der Gegenwart in der geduldigen Erwartung der glorreichen Wiederkunft Jesu Christi in Herrlichkeit.

c) Ernst

Als dritte erscheint zur Schulung die Eigenschaft des göttlichen Ernstes. In der Bibel finden sich die meisten dahingehenden Bezugnahmen auf den Menschen. Im EG existieren insgesamt lediglich drei diesbezügliche Eintragungen. Im Lied ‚Ein feste Burg ist unser Gott' ordnet Martin Luther das Attribut dem ‚bösen Feind', also dem Widersacher Gottes, zu und nicht Gott selbst (vgl. EG 362,1).

Gott hat immer eine freie Hand, und obgleich Er Karmatha im Arme hält, zieht Er auch Seinen Rafael ans Herz und spricht: ‚Ja, Meine Kinder, durch Karmatha wie auch durch andere Kinder soll die Finsternis vor ihrer letzten Zeit Meine Liebe abermals erfahren, obwohl Ich selbst ihr Licht auf Erden angezündet habe. Aus Meinem Opfer wird die Fackel brennen, die Karmatha zur Erde tragen darf. Doch nun habe Ich noch einiges auf eure Worte hinzuzusetzen.

Meine Fürsten, Wächter, Ältesten und Engel. Meine Heiligkeit breitet fast Unbegreifliches vor euch aus. Ja, hat das aber einen Wert? Was nützt euch, etwas zu erhalten, was ihr nur zum Teil verstehen könnt? Nun bedenket: Nur mit einer Aufgabe wächst jedes Leben! Darum muß die Aufgabe stets höher sein als die Erkenntnis. Das Unerforschliche zu durchforschen ist der ‚heilige Anreiz' zum fortgesetzten Leben! Was Ich ‚wissend' euch gewähre, ach – wie bald ginge das verloren, weil nicht erkämpft! Die Fähigkeit zur Weisheit habe Ich schon mit dem Lebensdrang, dem H ö h e r = I m p u l s , der Meinem Schöpferimpuls angeglichen ist, in jedes Kind gelegt. Diesen Lebensdrang habt ihr dem Geheimnis auch entnommen, das Ich euch zu erforschen überließ. Und seht, schon steigt der gute und von Mir geheiligte Wille auf, der als ,Sofort=zur=Tat=bereit', weitere Erkenntnis bringt.

Mich als heiligen UR=Gott=Vater zu erschauen, hat euch trotz aller Liebe manchmal schon bedrückt. Ihr glaubt, eure Hilfe für Mein Rückführwerk sei nicht tatkräftig genug gewesen. Doch Ich sage euch: Was ihr bisher getan, wird im gleichen Umfang ein anderes Kind nur schwer erreichen! Ihr staunt und versteht es nicht. Hier aber sage Ich: Es genügt für den ganzen Rest des Liebetages, wenn Ich's verstehe! Eher werdet ihr das Letzte aus dem letzten Siegel lesen können, als den Grund dieses Wortes zu ergründen! Und das ist gut. – Ahnend leuchtet ,Demut' vor euch auf. Damit sei es auch genug. Doch eure Bitte sei erfüllt. Geht den Weg zur armen Tiefe, wie, wann und wo es euch gefällt; Mein Segen ruht zu jeder Zeit auf eurem Gang. Doch vorher kehre jeder bei mir ein, daß Ich ihn weihe und er die Kraft empfängt, ohne welche auch der beste Wille nicht viel nützt.

Doch nun zu Karmatha. Er legte eine recht gesteigerte Erkenntnis an den Tag und kann die nächste Stufe schon beschreiten. – Wer will unsern Liebling jetzt betreuen?" (Karmatha 1955, S. 72).

Anmerkungen

Dem Gläubigen ist der Anblick des Kreuzes zugleich Kraft- und Trostquelle. Wie sie mit Christus in der heiligen Taufe begraben wurden, so haben die Gläubigen dank seiner Auferstehung auch die frohe Zuversicht, dass sie ebenso auferstehen werden. In der Bibel wird beschrieben, dass, als Christus am Kreuz die Worte ,es ist vollbracht' sprach und anschließend verschied, der Vorhang im Allerheiligsten des Tempels zerriss. Dank dem einmaligen Opfer Jesu Christi haben die Menschen somit steten Zugang zum Allerheiligsten. Deshalb muss der Hohepriester keine Opfer mehr bringen, um einmal im Jahr ins Allerheiligste treten zu dürfen, um dort die Vergebung seiner Sünden sowie der des Volkes zu erbitten. Im Glauben nehmen die Menschen Teil am Sieg Jesu, der für jeden Einzelnen dieses einmalige Opfer am Kreuz vollbrachte. Unsere Vorfahren haben im Nicänum bekannt, dass das Heil vollbracht ist und wir Menschen daran nicht mitwirken können (Synergismus). Sie haben Christus vertraut und geglaubt und dadurch erkannt, dass er der Heilige Gottes ist (vgl. Joh 6,69). Nur auf Erden ist Glaube möglich, da hier das Schauen verborgen ist. Beim Engelskind Karmatha ist das jedoch grundsätzlich anders: Er sieht wiederholt die UR-Gottheit Vater und wird von diesem belehrt. Beim Synergismus geht es um ein Mitwirken am eigenen Heil. Wenn das Engelskind Karmatha vom ‚Mitopferweg' spricht, geht es somit um ein Mitwirken am Heil anderer, also darum, Anteil zu haben am ‚Rückführwerk' der gefallenen Schöpfung. Hier liegt eine andere Interpretation der Worte ‚es ist vollbracht' vor. Die mit dem einmaligen Opfer Jesu eingeleitete Erlösung bedarf zur endgültigen Heimführung der gefallenen Engel zusätzlich des ‚Mitopfers' der treugebliebenen Engel, wie des ausgebildeten Engelskindes Karmatha, das sich freiwillig auf Erden in Jakob Lorber inkarniert, damit das Liebelicht durch ihn offenbart wird.

Die CA lehrt, dass die Taufe „notwendig ist und daß durch sie Gnade angeboten wird. Man soll auch die Kinder taufen, die durch die Taufe Gott übergeben und von ihm angenommen (urspr.: Gott ... gefällig) werden" (CA 1988, S. 28). Dem wird in manchen ‚Neuoffenbarungs'-Kreisen jedoch widersprochen und somit dort die Bedeutung der Taufe negiert.

Der Ernst der heiligen Taufe besteht darin, dass der Mensch dadurch mit seinem Geist beschenkt wird und Kind Gottes heißt.

d) Weisheit

Als vierte begegnet zur Schulung die Eigenschaft der göttlichen Weisheit. Als Jesaja bei seiner Berufung zum Propheten die Herrlichkeit des Herrn wie auch der Serafinen vernimmt, glaubt er, vergehen zu müssen, denn er hat unreine Lippen (vgl. Jes 6,5). Die Begegnung des Herrn löst bei Menschen stets Furcht sowie Sündenerkenntnis aus. Der Anfang aller Weisheit ist die Furcht vor dem Herrn und wo diese fehlt, sind weisheitsvoll anmutende Aussagen stets kritisch zu hinterfragen.

> [...] Melchisedek sagt:
> ‚[...] Erkennet das an Luzifer. Sadhana waren alle Lebensbedingungen zugeeignet; sie trug die sieben Eigenschaften in sich wohlgeordnet. Doch war es ihre Arbeit, sich diese b e w u ß t eigentümlich zu erwerben. Euch Fürsten gab Ich zwar nur je einen Strahl und ihr solltet euch die andern selbst erringen. Die Substanz hierfür war vorhanden, weil jede Eigenschaft aus der Einheit Meines UR=Ichs die übrigen in sich birgt. Zufolge der frei angenommenen Bedingungen habt ihr die Lebensgesetze für euch wie für das Werk anerkannt, und das brachte euch die Seligkeit und Herrlichkeit, ein vollkommenes Wesen in der Vollendung, deren ihr euch schon erfreuen dürft.
> Sadhana hatte euch mancherlei voraus. Doch berührt das nicht zu Ungunsten die vorerwähnte Gleichheit, weil das Schöpfungs= Kind als Meine Gottes=Fackel dem Liebetag die Krönung bringen sollte. Nun werden die getreuen Kinder die Mit=Vollender dieses Tages und der Feiertag ist ihre Krone. Und es wird sich zeigen, ob Sadhana als Juwel der Krone einzufügen ist.
> Die Schöpfungsfreiheitsprobe hat sie nicht bestanden, was aber nicht an den Gesetzen lag, die plötzlich anders geworden wären mit anderen Bedingungen, sondern lediglich an ihrem Willen.

Wie sie sich selber ihren Weg über die Freiheit bahnte, so erfüllte sich das zweite Fundament an ihr. Das Resultat ist euch bekannt.

Durch den Fall bedingt gibt es nun zwei Kindergruppen, die vom Licht und die von der Finsternis. Beide aber haben gleiche Rechte und Gesetze. In der Materie ist eines Kindes Eingehen in Mich nicht allein maßgebend. Für die Materie gilt Richtung und Lauf, während der Aufbau aus Meinem Schöpfertum fast zugedeckt bleibt, das Ziel hingegen, auch in nachfolgenden Läuterungsperioden, durchaus zu erreichen ist. Was ein Kind während seiner Erdenzeit mehr unbewußt tut, wird nicht angerechnet, wenn es sonst sich Mühe gibt und in den mehr geistigen Jenseitsfären zur Einsicht kommt, allen Ernstes seine falsche Richtung ändert und damit seinen Lauf geistig=gesetzmäßig in Ordnung bringt. So ist einem jeden das Tor zu Meiner innersten Gott=Wesenheit geöffnet, was ja auch das höchste Ziel bedeutet.

Kommt auch ein Lichtkind auf Erden zur denkbar besten Erkenntnis, so läßt sich diese doch nicht immer voll auswirken, weil die naturmäßigen Gesetze in gewisser Hinsicht den reingeistigen Gesetzen überlagert sind. Das geschieht wegen mancher der Materie gewährten Freiheit. Luzifer wußte nicht, daß Letztere die Basis zur freien Rückkehr war und seine sich selbst angelegten Fesseln sprengen würde. Ich unterstütze sogar weitgehend die Materiegesetze, gelangt doch dadurch die Gesamtmaterie am ehesten zur Voll=Erlösung, was selbst Sadhana trotz ihrer Umkehr keineswegs ahnt.

Zumal während Meines Erdenweges blieben die Materiegesetze in der Vorherrschaft; denn sonst bedürfte es eines Willenshauches Meinerseits, um Luzifer v o r Golgatha zur Einsicht zu bewegen. Dann aber wäre seine Rückkehr kein Erlösungswerk, was es ü b e r G o l g a t h a geworden ist! Etwas aus dem ‚Wunder der Erbarmung' hätte da gefehlt, nämlich die Unberührbarkeit des im Kinde investierten freien Willensfunkens, der Meinem f r e i h e r r l i c h e n S c h ö p f e r w i l l e n angeglichen ist! Über Golgatha kommen Mein Wille und Gesetz zur ewigen Verherrlichung und Offenbarung! (Karmatha 1955, S. 94–95).

Anmerkungen

In Christus existiert ein ewiger Hohepriester nach der Ordnung Melchisedeks (vgl. Hebr 4,14 ff.), der im Himmel ist und der Menschheit unablässig dient. Durch seinen Tod und seine Auferstehung hat er eine ewige Erlösung für alle Menschen bewirkt. Dennoch missachten diese immer wieder seine Gebote. Die einzig angemessene Reaktion darauf besteht in Furcht vor den Folgen und der Einsicht, dass außer Christus, der ohne Sünde war, kein Mensch die Gebote zu halten imstande ist. Das Unergründliche des Neuen Bundes ist Folgendes: Obwohl jeder Einzelne für seine Sünden eher den Tod verdient hätte, erleidet gerade derjenige, der ohne Sünde ist, stellvertretend für die Sünder den Tod, damit diese leben können. Selbst Luther war vom Übertreten des in den Zehn Geboten Gottes bestehenden Gesetzes derartig betroffen, dass er täglich mehrmals um Absolution bat. Gewiss führte dies auch dazu, dass er nie leichtfertig über die Gebote Gottes oder über Gott predigte. Im Katechismus beginnt er bei den Zehn Geboten Gottes und den Erklärungen deshalb stets mit den Worten „wir sollen Gott fürchten und lieben". Ohne Betroffenheit existiert keine Furcht und damit keine Einsicht, dass Christus aus Liebe für die Menschheit bzw. für jeden einzelnen Menschen starb, weshalb Letztere auf dieses einmalige Opfer mit ihrem Vertrauen in Ersteren antworten. Stets ist der Hohepriester gnädig gegenüber der menschlichen Ungerechtigkeit und will seit Golgatha nicht mehr ihrer Sünden gedenken. Wenn Christus, der Hohepriester, die Sünden vergibt, sind sie vergessen, und um seines Namens Willen will er nie mehr an sie denken, sondern betrachtet sie als ungeschehen. Dank, Ehrung, Lob und Preis finden die Menschen in der anbetenden Liturgie der Ecclesia. Der Gottesdienst wie auch der Inhalt des Glaubens, das Apostolikum, betrifft stets Gott, nicht ein Geschöpf, wäre es auch ein noch so hohes, wie bspw. Sadhana. Die Vorfahren im Glauben nahmen Luzifer nicht im Nicänum auf, denn die Menschen wissen um das Böse, den Widersacher Gottes, den Teufel, und gerade deshalb soll ihm nicht die Ehre erboten werden, im Apostolikum erwähnt zu werden.

Die UR-Gottheit Priester in „Karmatha" argumentiert derart diabolisch, dass bei Lesenden Mitleid mit Sadhana hervorgerufen wird. So geht es zentral nicht mehr um den Hohepriester Christus nach der Ordnung der Sündenvergebung Melchisedeks, sondern um die Auflehnung des ersten großen, strahlenden Engels Sadhana, der durch den Fall zu Luzifer wurde. Dies kann bewirken, dass zu leichtfertig über den Teufel gedacht bzw. für ihn argumentiert wird. Dadurch kann die eigene Betroffenheit gegenüber der Heiligkeit Gottes und der Missachtung seiner Gebote in den Hintergrund geraten. Eine argumentative Einheit zwischen der UR-Gottheit Priester Melchisedek im Werk „Karmatha" und dem überlieferten neutestamentarischen Hohepriester Christus scheint nicht zu existieren.

In der CA wird über die Beichte „gelehrt, daß man in der Kirche die dem einzelnen zugesprochene Absolution[6] beibehalten und nicht wegfallen lassen soll" (CA 1988, S. 28), wovon ein Mensch sich jedoch selbst ausschließt, wenn er die Ecclesia meidet und aufgrund der ‚Neuoffenbarung' leichtfertig über anstatt mit Gott redet.

Sobald die gemeinsame Anbetung vor dem Angesicht des Herrn gemieden wird, kann auch die Unterscheidungsfähigkeit

---

[6] D. h. Lossprechung, Sündenvergebung

zwischen dem Reden über und mit Gott schwinden. Das viele Wissen verleitet geradezu zum vielen Reden. Diese Täuschung findet ihren Ausdruck in der Bemerkung ‚wir dürfen wissen‘.

Da Jesus durch Gott für die Menschheit zur Weisheit wurde, werden alle weise klingenden Aussagen an dem reformatorischen Grundsatz ‚Sola Scriptura‘ gemessen (vgl. 1 Kor 1,30).

e) Wille

Die fünfte zu schulende Eigenschaft ist die des göttlichen Willens. In den zehn Geboten tut Gott seinen Willen kund. Hierin liegt der Schlüssel zum Leben. Allein der Sohn Gottes ist sündlos und erwirbt durch sein unschuldiges Leiden und Sterben das ewige Leben. In ihm erhält die Menschheit Sündenvergebung und kann damit bejahend nach seinen Geboten leben und so seinen Willen auf Erden verwirklichen.

Die Freude über das Lob darf Karmatha empfinden; doch er gibt sie sofort erkenntnisreich zurück, daß er nur durch Gottes Hilfe handeln konnte. Er fügt hinzu: ‚Vater, manches war, was nicht vor Deinem Heiligen Angesicht bestehen konnte. Du hast es ausgelöscht und siehst nur das, was Dir lieblich ist. Nimm Dank und Liebe mit der Bitte an: Laß mich den Erdenweg beschreiten, sobald ich reif geworden bin. –
Nun willst Du sogar hinter mir hergehen. Das ist mir nicht als Demutsprüfung, sondern zur Freude zugedacht. Dankbarsten Herzens nehme ich sie an. Doch vorangehen, wo D U bei uns bist, Herr, das kann ich nicht! Frage nur Deine Fürsten, ob sie es tun würden. Jeder wird sich tief vor Dir verneigen und sprechen: D U allein, All=Heiliger, bist unser aller Herzog von Ewigkeit zu Ewigkeit!
Darum bleibe, liebguter Vater, immer uns voran, innerlich wie äußerlich. Sieh, die Freude empfing ich durch Dein Wort; das Beste aus ihr will ich nicht verlieren! Du gehst voran, wir folgen

Dir; Du bist die Quelle und wir trinken; Du Alles in Allem, wir Alles nur in Dir; Du der Vater, wir die Kinder! Laß Deinen hehren Lichtstrahl vor uns leuchten, damit wir in Deinen Spuren wandeln können. Amen.' Die Engel stimmen in das Amen ein und die Kinder sprechen es nach.

‚Amen! Und noch einmal Amen! Dein Wort soll dir zum ewigen Vermächtnis werden', sagt Gott, ‚und an deinem Lichte zünden sich noch andere an. Obgleich es aus Mir kommt, soll doch vor der letzten Erdenzeit ein guter Teil davon durch deine Seele denen leuchten, die es noch nicht kennen. Mit Großen sollst du ein Großer sein, ein Auserwählter in der Schar, die Mein Licht zur Tiefe trägt. Ich bin G o t t ! Mein Verheißungswort wird sich an dir erfüllen, daß es allen, die danach tun, zur Krone sich gestaltet, wie du es jetzt noch nicht begreifst. Sei gesegnet deiner Demut wegen, denn echte Demut bringt auch echte Lebensschau.' – Nun scharen sich die Ersten wieder enger um den Vater und die Urerzengel und Erzengel rufen laut: ‚Hallelujah! Dir Heiliger, UR=Gott ewig, unser Lob! Du gabst der Finsternis Dein Licht zum Zeichen einer ewigen Erlösung! Hallelujah!' Gott hebt segnend Seine Hände über alle Kinder, die sich anbetend in Ehrfurcht vor Ihm neigen. Karmatha nimmt Abschied von den Sonnenengeln, indessen Eraskar seine Schutzbefohlenen ordnet. Karmatha an Seiner rechten Hand und gefolgt von Groß und Klein führt der Vater sie zur vorbereiteten Sonnenstätte (Karmatha 1955, S. 122–123).

Anmerkungen

Die christliche Lehre besagt u. a. Folgendes: Vor allen Zeiten war es Gottes heiliger Wille, dass aus dem Vater der Sohn geboren wird. Dessen Hoheit drückt sich darin aus, dass gemäß Nicänum allein dieser ‚gezeugt und nicht geschaffen' wird. ‚Eines Wesens mit dem Vater' ist seine Majestät. Somit ist der Sohn unvergleichlich gegenüber allen anderen Geschöpfen, seien es Engel, Geister oder Menschen. Dem ‚eingeborenen Sohn' gebührt alle Ehre gegenüber allen Geschöpfen. Dank dem Heiligen Geist kommt der

Sohn Gottes zum Heil der Menschheit auf die Erde und ‚ist Mensch geworden'. Deshalb weiß allein der Sohn Gottes von keiner Sünde. Er ist vom Vater gesandt und vermittelt mit seinem gesamten Leben auf Erden dessen heiligen Willen. Er spricht und lehrt nichts, was er nicht zuvor vom Vater gehört hat. Somit ist für ihn die ständige Zwiesprache mit dem Vater, das Gebet, die Voraussetzung für all sein Wirken auf Erden. Gottes Wille ist es, dass allein sein Name geheiligt, sein Reich verkündet und verwirklicht wird und dass dem Teufel, der Welt und dem menschlichen Fleisch der böse Wille gebrochen wird. Somit ist für die Gläubigen das Gebet unumgänglich und dient sowohl zum Schutz als auch der zunehmenden Verwirklichung von Gottes gutem Willen. Aus dem Vater und dem Sohn ging vor allen Zeiten der Heilige Geist hervor. Somit besteht die heilige Dreifaltigkeit bereits vor Raum und Zeit der sichtbaren Welt. Der Auferstandene tut vor seiner Himmelfahrt, der Rückkehr zum Vater, seinen Willen kund, den Seinen und damit allen Gläubigen den Heiligen Geist herabzusenden, den der Vater verheißen hat (vgl. Lk 24,49). Dank dieser Verheißung wird die Christenheit immer wieder an das erinnert, was der Herr auf Erden gelehrt hat. Ohne den Heiligen Geist könnten die Menschen nicht an Jesus Christus glauben, d. h. gemäß dem Katechismus „nicht aus eigener Vernunft noch Kraft glauben oder zu ihm kommen" (Katechismus 2003, S. 45).

Bei Reden anderer Engel sowie des Engelskindes Karmatha spricht offensichtlich zur Belehrung der kleineren Engelskinder die UR-Gottheit Vater oder die UR-Gottheit Gott selbst. Dabei kommt die UR-Gottheit im zweiten Band auf dem Weg zum Hause des Willens ohne die Erwähnung des Heiligen Geistes sowie des Namens Jesus Christus aus, obwohl alles detailliert erklärt wird. Stattdessen wird dem Namen UR alle Ehre, Lob, Preis und

Anbetung entgegengebracht. In der Vorexistenz Lorbers wird dieser als Engelskind Karmatha von der UR-Gottheit Gott für seine Demut gelobt. Jedoch ist insbesondere aus den von der vermeintlichen Gottesstimme diktierten Briefen Vieles von Lorbers Selbsteinschätzung zu entnehmen, nämlich „[n]aive Eitelkeit und Stolz auf seine musikalische Begabung wie besonders auch auf seine religiöse Tätigkeit" (Stättler-Scher 1966, S. 13 f.). Somit erscheint seine Bezeichnung in den Urgemeinde-Heften als „Gottes guter Knecht inkarniert als Jakob Lorber" eher fragwürdig. In der CA wird gelehrt, dass

> Gott das Predigtamt eingesetzt, das Evangelium und die Sakramente gegeben [hat]. Durch diese Mittel gibt Gott den Heiligen Geist, der bei denen, die das Evangelium hören, den Glauben schafft, wo und wann er will. Das Evangelium lehrt, daß wir durch Christi Verdienst und nicht durch unsere Verdienste einen gnädigen Gott haben, wenn wir dieses glauben (CA 1988, S. 24).

Gottes Wille ist, dass die Gläubigen mit ihm Gemeinschaft haben sowie die Ecclesia pflegen, sowohl zur Bestärkung als auch zur Korrektur. Da Lorber und Wolf sich wohl als ‚Lehrende' empfanden und eine eher distanzierte Stellung zur Ecclesia einnahmen, mangelte es ihnen an Korrektur.

f) Ordnung

In der sechsten Schulung geht es um die Eigenschaft der göttlichen Ordnung. Die Ordnung des menschlichen Lebens drückt sich einzigartig in der Sprachenvielfalt aus. Am Kreuz von Golgatha begegnet die Aufschrift in griechischer, lateinischer sowie hebräischer Sprache (vgl. Lk 23,38). Ebenso finden sich im EG auch Lieder aus ca. 21 nicht deutschsprachigen Ländern. Das Nichtbeachten dieser Tatsachen bei Wolf ist keinesfalls als universell zu bezeichnen.

Gott aber spricht:
‚[...] Meinen lieben wiedergefundenen Schäflein soll die Erde mit ihrer Last entschwinden. Euch Heimkehrenden sei aber noch ein kurzes Wort gesagt. Ihr wundert euch, daß ihr als Himmelsbürger Mich nicht gleich erkanntet. Doch bedenkt: Auf Erden gibt es keine Rückerinnerung, wohl aber einen inneren Drang zum Göttlichen als ‚Lichtanteil‘. Ob ein Kind dem Drange folgt, ist da seine pur eigene Sache. Ihr speziell seid keine bösen Menschen gewesen, nur war Gott euch fremd, teils aus ungenügender Belehrung, teils aus Lust an Erdenfreuden. Als jedoch der ‚göttliche Drang‘ bei euch schwer treffenden Ereignissen stärker in den Vordergrund trat, suchtet ihr in euren Kirchen Seelenbeistand. Allein – diese waren bis auf wenige Diener selbst weltfreudig eingestellt. Den göttlichen Nimbus nahmen sie fast nur zur Tarnung, um sich auf diese Weise einen großen Namen zu machen, viel Ehre einzuheimsen und geheim herrlich und in Freuden zu leben. Sie bildeten die ‚goldene Brücke‘ ins Himmelreich, wobei das Gold in ihren Säckel floß, die Brücke – ohne Glaubenspfeiler – aber meist zusammenbrach, sobald sich eine Seele ihrer zu bedienen suchte.
Als ihr mitsamt eurer Brücke ebenfalls in eine glaubensleere Tiefe stürztet, suchtet ihr Mich in euren Herzen. Doch eure Weltfurcht war zu groß, als daß Mein Licht hätte in euch scheinen können. Dennoch hielt euch Meine Liebe fest, bis ihr den leeren Kirchentopf mit Meinem Tisch vertauschtet. Das war – zu eurem Besten – für die meisten jene Zeit, wo der Erdenweg zum Abschluß kam. Eure letzte Glaubensrettung kam von einem Mann, der sich auch offen vor den Kirchenoberen nicht fürchtete und ein neues Licht aus Meinem Himmel brachte. Daß durch ihn nichts völlig Reines kam, lag an der Zeit, an seiner eigenen Erziehung, wie an manchem Erd=Entwicklungsumstand.
Doch genügte seine Lehre, um ein paar wichtige Pfeiler der Erdenkirche zum Einsturz zu bringen. Es dürfen auch nicht alle

Pfeiler auf einmal zerbrochen werden, weil ich die Kirche samt Dienern durchaus nicht vernichten, sondern erretten will und werde. Dieser Mann, euch bekannt unter dem Namen Hus, tat sein Bestes. Ihr werdet ihm begegnen und sehen, was sein Mitopfer ihm Herrliches einbrachte. –
Nun habt ihr vorläufig genug Segensworte empfangen und sollt ein Liebesmahl erhalten. Du, Karmatha, hast deine Arbeit gut getan und es steht dir frei, mit zurückzukehren. Meinst du aber, es bliebe dir zu tun noch etwas übrig, so sei dein Bleiben auch gesegnet.' (Karmatha 1955, S. 144–145).

Anmerkungen

Gott erschafft sein Volk und gibt den Menschen zum sinnerfüllten Leben seine Weisungen. Diese sind somit keinesfalls als eine Strafe zu verstehen. Hat der Mensch dies einmal mit dem Psalmisten erkannt, sinnt er Tag und Nacht über das göttliche Gesetz nach und empfindet schließlich auch Lust am Gesetz des Herrn (vgl. Ps 1,1-2). Vielmehr sollen das Gesetz bzw. die Gebote Gottes zum Gelingen des menschlichen Lebens dienen. Gottes Weisungen helfen sozusagen als eine Art ‚Leitplanken' beim guten Zusammenleben, damit der Mensch sich selbst, aber auch seinen Nächsten nicht gefährdet. Gott schenkt der Menschheit außerdem zusätzlich seine Vergebung, falls der Mensch seine Ordnungen einmal missachtet hat und damit er über das Beachten der göttlichen Weisungen nicht verzweifelt, sondern immer mehr Freude erfährt. So gibt Gott seinem Volk einen neuen Geist und schenkt jedem Menschen ein lebendiges Herz, damit er die Gebote befolgt und nach ihnen handelt. Sein Volk soll die Menschheit sein und er möchte ihr Gott sein (vgl. Hes 11,19-20). Es geht also um Gemeinwohl, Gemeinsamkeit und Gemeinschaft, d. h. das Gegenteil von ‚Gemein-sein'. Christus gründete die Gemeinschaft, so dass auch die heutige Menschheit zum Volk Gottes bzw.

zur weltweiten Familie der Kinder Gottes gehört. Ursprünglich wurde von der ‚christlichen Gemein‘ gesprochen, woraus erst in späterer Zeit die ‚Gemeinde‘ wurde. In verschiedenen Liedern des gegenwärtigen EG ist noch die alte Bezeichnung anzutreffen (vgl. bspw. EG 78,1) und bis in die Gegenwart existiert das Gesangbuch der Evangelischen Brüdergemeine (GEB), das von der Evangelischen Brüder-Unität/Herrnhuter Brüdergemeine herausgegeben wurde. Gott gründete sein Volk und in der Ecclesia, den Herausgerufenen bzw. der Gemeinschaft der Heiligen, d. h. der begnadigten Sünder, geht es somit stets um die Schar der Gläubigen, jedoch keinesfalls um religiöse Leistungen lediglich Einzelner.

Der tschechische Theologe und Reformator Jan Hus (um vor 1370–06.07.1415) wurde als Ketzer verbrannt. Im Werk „Karmatha" findet er Erwähnung mit dem Hinweis, es habe sich bei ihm um den inkarnierten Befehls-Engel Hasabael gehandelt. Dadurch tritt nicht nur das Volk Gottes, sondern auch die Glaubenstreue des Märtyrers Hus in den Hintergrund. Vielmehr wird uns hierdurch offenbart, es handle sich um das ‚Mitopfer‘ des Befehls-Engels. Damit wird der erste irdische Bezug zur Kirche hergestellt und zugleich der Eindruck vermittelt, dass bis dahin im Volk Gottes kaum ein Glaube an Gott möglich war. Auffällig ist jedoch, dass in der Geschichte der Theologie die Lehre von einem ‚Mitopfer‘ gänzlich fremd ist. Somit ist diese eher der gnostischen Spekulation zuzuordnen. Dagegen schenkt Gott den Gläubigen im Gottesdienst das gemeinsame Hören, Erkennen und Glauben an den Herrn Jesus Christus, worauf diese mit Anbetung und Lobpreis antworten. Die Ecclesia bekennt und besingt Jesus Christus als den Ehrenkönig, der durch seine Himmelfahrt erneut in die ihm zustehende Ehre und Herrlichkeit eingesetzt wird. Im Werk „Karmatha" offenbart stattdessen die UR-Gottheit Gott den Heimkehrenden der treugebliebenen Lichtseelen, was Hus Mitopfer ihm Herrliches eingebracht habe, sowie die künftige gesamte Errettung der irdischen Kirche und deren Diener.

Danach beruft Gott Karmatha zu Sich und spricht:
‚Mein Karmatha! Wenn auch nicht ganz verständlich, so erkenne doch, daß dein Weg ohne Mackarat nicht möglich wäre. Er ist der Wegbahner für deine Erdenmission. Großen Sendungen gehen große Boten voraus, hier sogar ein Stärkerer als du selber bist. Auch Mir ging Mein starker Fürst Michael voraus, zwar nicht inkarniert, weil andere Gesetze bei Meinem Erdenwege wirken mußten. Auch hätte Michaels Geist niemals gefragt, ob Ich derjenige sei, der kommen solle. Auch Pagriel[7], der Täufer, der jetzt leuchtenden Blickes sein Haupt neigt, hat nicht aus sich gefragt; es kam durch ihn die Stimme aller Wartenden, die gläubig und zaghaft zugleich auf die Erlösung hofften.
Aus solcher ‚vorausgehenden Dienstbarkeit' ist die schönste Schöpfungsernte einzubringen. Denn aus der Saat des Säemanns findet der Schnitter seine Ernte! Doch auch er muß, will er ein guter Ackermann auf Meinen Feldern sein, aus seiner Ernte wieder reichsten Samen streuen, damit es keine Brache gibt, sondern von einem Mal zum andern vollere Früchte reifen. Denn Meine Kinder alle sind erst die Schnitter und dann die Säeleute; Ich hingegen bin der erste Säemann und der letzte Schnitter!!
Ich habe einst dem armen Schöpfungsmenschen guten Samen zugedacht, vor allem den der Langmut. Doch Babylon fraß ihn in sich hinein, ohne Gutes dafür zurückzugeben. Die Ernten wurden dadurch weniger, notgedrungen auch stets die neuen Aussaaten, bis nur noch Halme statt Garben übrig blieben, gleichzusetzen der kümmerlichen Linsensuppe. Da machte Ich

---

[7] Pagriel, der 2. der 24 Ältesten, aber der 1. aus Michael-Haus

Mich Selber auf mit Meiner heiligen Säemannsschürze, neuen kostbaren Samen zur Materie hinabzutragen. Ich streute ihn auf ihr vierfaches Ackerland, dessen einer Teil Mein Lichtteil blieb. Doch Meine zweite schwere Saat kann nicht auf einmal wachsen, sie benötigt Raum und Zeit, soll der Samen bringen, was er in sich birgt.

Ich habe reichlichst ausgestreut, damit Meine Lichtkinder für die Welt und sich gesegnete Ernte und fruchtreife Aussaat erhalten können, wenngleich es den Anschein hat, als wäre viel verdorben. Da der Urheber der Materie nicht mehr selbst am Werke ist, so mögen seine kleinen Nachfolger ruhig wie wütige Hunde bellen. Ihre Zeit ist gesetzt, wenn Ich als Erster Seemann die letzte Ernte halten werde! –

Bei Meiner zweiten Saat habe Ich die stärkste Stütze aus dem Fall zerbrochen und Meine guten Ackerknechte andere. Legion wird jener Pfeiler sein, den du, Karmatha, zerbrechen kannst; und mit ihm fallen viele! Darum mußt du selbst zur starken Stütze werden, um ein Starkes aus der Finsternis zu stürzen. Ich habe für Mein Schöpfungskind das Tor geöffnet, und Meine Sendlinge sollen für andere Gebundene die Kerkertüren sprengen. Ich brachte dem einen Kind und dadurch freilich allen andern an Stelle des verderblichen Linsengerichts Mein Brot und Meinen Wein. Meine guten Mitarbeiter bringen Frucht und Öl den armen Hungernden und Darbenden.

Also siehe zu! Das siebente Engelshaus öffnet sich dir nun. Halte dein Gelübde, wie Meine Liebe ewig Meine Kinder hält!' In heiliger Handlung wird Karmatha dem Fürstenpaar Gabriel-Pura, Träger der Barmherzigkeit, übergeben. Nach großer Preisanbetung verlassen alle bis auf Mackarat das Heiligtum. Sie begeben sich zum Liebesmahl in Gabriels Sonnenhaus auf die Garapäa. – Mackarat empfängt die Weihe. Zuriel tritt wieder ein und führt, ebenfalls gesegnet, Mackarat zur Erde. Dort geht ein großes Licht unter der Christenheit auf, eine befreiende Wende. Braucht sie auch nicht die letzte Hölle auf einmal umzuwenden, so wird doch für das Reich ein weiterer gewaltiger Sieg errungen. Mackarats Sendung steht unter dem Erdennamen ‚Luther' (Karmatha 1955, S. 179–181).

Anmerkungen

Jahrhundertealte lateinische Hymnen tragen noch heute wesentlich zur Ordnung innerhalb der Ecclesia bei. In ihnen findet sich auf engsten Raum konzentrierte Theologie. So blieben das Nicänum bekräftigende christliche Glaubensgrundsätze über Jahrhunderte hinweg erhalten und besitzen noch heute ihre Gültigkeit. Dabei fällt die Holprigkeit der Sprache auf, die jedoch leicht zu erklären ist: In der Originalsprache, hier dem Lateinischen, kann mit einem Wort wesentlich mehr ausgedrückt werden als in der Übertragungssprache, in diesem Fall dem Deutschen. Dadurch ist es eine Herausforderung für Übersetzende, dennoch mit wenigen deutschen Worten zumindest annähernd Dasselbe auszudrücken. Weiter erschwert wird das Ganze, wenn gereimtes Versmaß und Leise vorgegeben sind. Zum Verständnis des holprigen Textes bedarf es meist einiger Mühen. Diese lohnen sich jedoch, denn umso verständlicher kann ein Hymnus mitgesungen und erlebt werden. Wenn Hymnen auch Theologie vermitteln, so ist diese grundsätzlich in der Bitt- und Gebetshaltung überliefert. Dank dem verheißenen Geist sind die Gläubigen zwar bereits Kinder Gottes, aber gegenüber der Heiligkeit Gottes, des Schöpfers, bleiben sie stets die Beschenkten und somit Empfangende, weshalb steter Mut zur Demut geboten ist.

Von Jan Hus ist ein Hymnus (vgl. EG 68), von Martin Luther (1483–1546) sind drei Hymnen (vgl. EG 64, 126, 539) und von Jakob Lorber ist kein Hymnus überliefert. In Luther soll der Wächter-Engel mit dem Namen Mackarat inkarniert sein. Damit tritt Luthers Ringen um die Reformation in den Hintergrund und es wird der Anschein erweckt, diese setze sich in Lorber fort. Die in einer Forschungsarbeit über Luther und Lorber durchgeführte Gegenüberstellung der lutherischen Auslegung und der lorber-

schen Erklärung des Johannes-Evangeliums zeigt jedoch grundsätzliche Wiedersprüche auf, die Lorbers ‚Neuoffenbarung' mit
der Heiligen Schrift inkompatibel machen (vgl. Junge 2014,
S. 151). Lorber verlässt eigenmächtig die in der Bibel gegebene
Ordnung und somit liegt in der ‚Neuoffenbarung' kein histori-
sches Fortschreiten der Reformation vor.

Welche Unruhe wäre wohl entstanden, wenn es Anita Wolf
erlaubt gewesen wäre, in der Kirche zu predigen, zumal sich der
Geist UR bis heute niemandem außer ihr ‚offenbart' hat?

Somit erscheint es auch heute noch sinnvoll, „daß niemand in
der Kirche öffentlich lehren oder predigen oder die Sakramente
reichen soll, der nicht dazu ordnungsgemäß berufen[8] ist" (CA
1988, S. 30).

Obwohl Wolf die Bibel stets achtete, scheint das Werk „Karmatha" nach bisheriger Untersuchung keinesfalls damit kompatibel.

g) Barmherzigkeit

Als siebte Schulung begegnet die Eigenschaft der göttlichen
Barmherzigkeit. Der Herr handelt immer wieder barmherzig an
Menschen, indem sie die Sündenvergebung erfahren, auch wenn
sie sich mehrfach in Gedanken, Worten und Taten unbarmher-
zig gegenüber ihren Nächsten erwiesen haben. Somit gilt es für
Christen stets, den Namen des Herrn zu erhöhen, anstatt sich in
endlosen theologischen Belehrungen zu ergehen, in denen die ei-

---

[8] Mit ‚berufen' wird hier ein umfassender Vorgang bezeichnet, der die Prüfung, Wahl,
Berufung und Ordination des Pfarrers mit einschloß.

gene Ehre gepflegt wird, anstatt allein Christus die Ehre zu erweisen.

Erst als Karmatha die heilige Pflicht des Hauses der Schöpfung gegenüber merkt und ob der Schwere oft verstohlen Gabriel betrachtet, führt der Fürst ihn im Haus der Stadt ins geheiligte Gemach und sagt:
‚Karmatha, du spürst unsere Liebe, nur unser Ernst ist dir unverständlich. Wie wichtig der Ernstteil in der Barmherzigkeit ist, wirst du noch erkennen. Du weißt um deine Aufgabe, und die Schule ist darauf zugeschnitten. So magst du leicht ersehen, daß jeder Urstrahl sich dir zeigen muß wie allen mit besonderer Mission betrauten Kindern. Größere Arbeit fordert größere Reife, die nur durch größere Lasten ausgeglichen wird. Nur gute Lastenträger sind gute Kräfteträger!
Du meinst, die Kraft, um Lasten zu tragen, stünde im Vorfeld, vom Schöpfer überkommen. Sofern du an den Aufbau denkst, wo die Kraft zuerst gegeben wird, soll daran das Werk als Selbstträger erstarken, hast du recht. Immer aber, weil im UR=Lebensprinzip so verankert, erhält man nur den Kraftk e r n , dessen Ausdehnungsfähigkeit umso weniger ein Kind ermißt, je mehr es sich seiner selbständig bedient. Der Kraftzufluß enthüllt sich mit seiner Verwendung! Je mehr du dich betätigst, umso mehr nehmen deine Kräfte zu. Du denkst, ich müßte ‚des Vaters Kraft' sagen. Nun, das ist für uns Erste ganz selbstverständlich und ist diese Erkenntnis unser ganzes Grundvermögen, mit dem wir ‚wuchern' dürfen. Die Verzinsung ist unser Anteil. Darum r e - d e n wir nicht über diese Tatsache, sondern wir h a n d e l n aus ihr.
Als wir dir vor etlicher Zeit ein Freudenmahl zurichten wollten, batest du, es nicht zu tun; du wolltest dich auf ernste Arbeit vorbereiten. Da die Bitte zu deinem Besten war, erfüllten wir sie nur zu gern. Nun ist dir in der Folge manches schwerer geworden als du dachtest, und du fragst geheim, wo die Sanftmut bliebe, das Gewand der Barmherzigkeit. Es ginge bei mir strenger zu als bei Uraniel. Geschieht aber etwas anderes als die Erfüllung deiner Bitte? Jede Eigenschaft besitzt die übrigen zum schöpfungsge-

rechten Anteil, der ein ganzes Tagewerk und noch mehr vollenden kann als die Grundeigenschaft selbst. Waltet also bei mir auch der Ernst, so darfst du dich glücklich preisen, durch die Barmherzigkeit noch tiefer in ihn einzudringen. In meinem Hause werden alle Strahlen in heiliger Vereinigung noch einmal überholt; es ist wie eine Schlußprüfung.

In dieser Hinsicht tagt es nun in dir, und wir wollen noch ein Tieferes an die Betrachtung knüpfen. Dem Vater zur Freude wolltest du nur an dein Vorwärtsgehen denken. Ich zeigte dir die Freude des Nehmens und des Gebens als köstlich schönes Ziel. Daran hieltest du auch fest, spürtest aber keine rechte Freude mehr. Im Gegenteil schien sie zu Verschwinden und die Last des Ernstes trat hervor. O Karmatha, nun da du reifer bist, kann ich dir mehr darüber sagen. Die Freude aus der Barmherzigkeit ist n u r in letzter Konsequenz der Arbeitsleistung zu erlangen, nur im erreichten Ziel! Sie, eines der kostbarsten Edelgüter, liegt nicht am Weg! Sie läßt ihr schönstes Licht erst dann erstrahlen, hat man sie mit freudiger Mühe sich erkämpft.

Das Erkämpfte ist die K r o n e der Barmherzigkeit, den Siegern zugeteilt. Und dieser Siegespreis ist kein billiges Findegut! Sein hellster Edelstein, der Kristall, ist die Freude an der Freude anderer! Sich höchst uneigennützig an erreichten Zielen anderer Kinder zu erfreuen ist der Hauptwesensanteil der Barmherzigkeit. Im gleichen Maße bezieht sich das auf eine Herzenstrauer mit jenen, die den Weg der Wahrheit nicht erkennen, oder nur sehr mühsam vorwärtskommen.

Die empfangene Freude liegt in der Liebe; denn wer Liebe schenkt, wird Liebe ernten. Aus gebender und nehmender Liebe wird die Freundlichkeit geboren, die Geber und Empfänger eint. Diese öffnet alle Wege zur hohen Uneigennützigkeit, die gibt, ohne an Empfang zu denken. Wer so gibt, gibt doppelt; und dieses Geben ist die Wurzel der Barmherzigkeit! Auf Erden gibt es wenig Freundlichkeit, und heilige Freude geht spärlich einher. Den Erdenkindern ist der Gottesdienst ein schweres Ding. Viele haben ihn aus selbstgestelltem Muß in halsstarrige Strenge umgewandelt. Das ist weder dem Vater wohlgefällig noch dient es Seinem heiligen Werk. Hier fehlt alle Herzensfreude und Gottes

Freundlichkeit! Die ‚so genannte' Freude am Dienst des Herrn unterliegt dem gleichen Trug wie ihre Strenge und ihr Muß. – Nun sollst du die Freundlichkeit meiner Eigenschaft erleben und einen recht bedeutenden Anteil mit zur Erde nehmen. Pura wird dir am freien Ausblick etwas zeigen, und wenn ich rufe, so mögt ihr beide kommen.' Gabriel geht einige Male hin und her, auch zur großen Haupthalle, und hörbar fällt jedes Mal der kostbare Türteppich zusammen. Karmathas Herz kann kaum schneller schlagen. Endlich ist es so weit (Karmatha, 1955, S. 182–184).

Anmerkungen

So vielfältig wie das Leben ist innerhalb des Kirchenjahres auch die Gestaltung der Gottesdienstfeiern. Der Gottesdienst ist den Gläubigen ewige Freudenquelle, weil hier Gott selbst ihrer Seele mit seiner erfahrbaren Gegenwart dient. Wie sie Gottes Güte täglich neu erfahren, so können sie sich auch auf die jahrhundertealte Ordnung des Kirchenjahres verlassen. Es beginnt alljährlich mit dem Warten auf die Wiederkunft Christi in der vierwöchigen Adventszeit, die ursprünglich auch als Fastenzeit galt. In der Weihnachtszeit wird dann die Geburt Christi gefeiert. Über die Erscheinung des Herrn, gemäß der Anbetung der drei Weisen aus dem Morgenland, freuen sich die Gläubigen in der Epiphanienzeit (vgl. Mt 2,1 ff.). Es folgt die zweite Fastenzeit, die Passionszeit, in der sie sich das bittere Leiden des Herrn Jesus Christ für die Menschheit bewusst machen. Den Höhepunkt der Passionszeit bildet der Karfreitag, an dem Christus für die Menschen gestorben ist. Als Zeichen der Trauer schweigen auch die Kirchenglocken, die an anderen Tagen an Gott erinnern bzw. zum Gottesdienst einladen sollen. Als schönster Sonntag gilt den Christen der Ostersonntag, weil nach biblischer Erzählung an diesem Tag Jesus von den Toten auferstanden ist. Zum Zeichen der

Freude erschallen dann die Glocken wieder sowie auch die vollständige Liturgie mit dem Lobgesang ‚Halleluja'. Anschließend durchleben die Gläubigen die fünfzigtägige österliche Zeit der Freude, die sich bspw. in den Sonntagen Jubilate und Kantate zeigt. Vierzig Tage nach Ostern wird Christi Himmelfahrt gefeiert, als Tag, ab dem laut Bibel Christus als König herrscht und wieder die Ehre und Herrlichkeit besitzt, die er zuvor in Ewigkeit besaß. Am fünfzigsten Tag nach Ostern, Pentekoste, ist der Geburtstag der Kirche Jesu Christi, das Pfingstfest, an dem sich der Bibel zufolge die österliche Verheißung der Ausgießung des Heiligen Geistes erfüllt hat. Der darauffolgende Sonntag ist der Tag der Heiligen Dreifaltigkeit, Trinitatis.

Nach Trinitatis werden die einzelnen Sonntage bis zum drittletzten Sonntag des Kirchenjahres gezählt; es können maximal 24 sein. Der Ostertermin fällt stets auf den ersten Sonntag nach dem ersten Vollmond nach Frühlingsbeginn. Liegt dieser sehr früh, wird bis zum 24. Sonntag nach Trinitatis gezählt. Weil die heilige Trinität den christlichen Glauben auszeichnet, wird jeder Gottesdienst in ihrem Namen begonnen. Weiterhin antwortet die Gemeinde stets feierlich stehend mit dem Bekenntnis des Apostolikums auf das gehörte Evangelium. Der letzte Sonntag des Kirchenjahres ist der Ewigkeitssonntag, an dem besonders der Verstorbenen gedacht wird, die mit dem Bekenntnis der Auferstehung des vergangenen Jahres bestattet wurden.

Gott erbarmt sich der Menschen nach christlichem Glauben in jedem Gottesdienst, indem er ihnen im Sakrament des Heiligen Abendmahls die Vergebung der Sünden sowie seine Gemeinschaft und seinen Frieden schenkt. Beim Empfang des Segens wird laut Bibel der Name Gottes in Form seiner wirklichen Gegenwart auf sie gelegt (vgl. Num 6, 24-26). Diese Barmherzigkeit schenkt Gott der Christenheit, um sie damit im Glauben zu stärken.

Im Werk „Karmatha" äußert sich hier der Fürst Gabriel eher abwertend gegenüber dem Gottesdienst und somit auch der Kirche, wobei jedoch der Tempel auf den jeweiligen Urzentralsonnen auf das Höchste gelobt und die kraftvolle Bedeutung des dortigen ‚Freudenmahls' mehrfach hervorgehoben wird. Dies wirft die Frage auf, wozu, wenn jeder Seele die Rückerinnerung genommen ist, die vielfältigen Belehrungen auf Erden führen sollen, wenn nicht bestenfalls zur Spaltung des Leibes Christi, der Ecclesia, anstatt dem rechten einigenden Glauben.

Im Heiligtum der Vierwesenheit UR erhebt sich die Stimme und spricht:

‚[...] Denn höret nun das Tiefste aus dieser Wahrheit:
Beim Fall stand nicht nur die Kind=Freiheit auf dem Spiele, sondern u r s ä c h l i c h   M e i n e   F r e i h e i t ,   M e i n   W i l - l e !! Mußte Ich denn Meinen freiherrlichen Willen drangeben, um den Wider=Willen eines Kindes zu dulden, ja zu erdulden? War der Wider=Wille durch seine Ungerechtigkeit nicht bar allen Lebensrechtes? Hätte Ich ihn dulden müssen, um dadurch der Kinder Freiheit zu erhalten, wahrlich, Ich wäre nicht U R , d e s s e n   h ö c h s t e r   L e b e n s a n t e i l   e i g e n e r   g e - r e c h t e r   W i l l e   i s t !!! -
Ich m u ß t e also nicht den Fall geschehen lassen, um über die Kind-Freiheit mein Ziel herbeizuführen: Ich w o l l t e ! In dieser Zulassung lag das größte Liebewunder. Erst durch Verlust ihres anteiligen Gnadenreichtums wird Sadhana als Schöpfungskind f ü r   s i c h   u n d   a l l e   K i n d e r   ihn wirklich schätzen lernen und vermehren helfen. Im mithelfen liegt auch die Wertmessung, die jede Gabe gründlich achten lehrt. Ein Kind, das mitarbeitet, hält seines Vaters Gut zusammen; ein Kind, das nicht mittätig ist, verschleudert es.

Daß Letzteres bei Mir ewig nicht zutrifft, dafür heißt Mein Wille ‚G e r e c h t e F ü r s o r g e ‘! Weil Ich aber allen Kindern ihren Freudenanteil voll bewahren wollte, darum ‚opferte‘ Ich einst M e i n e n W i l l e n und stellte die geschöpfliche Freiheit über Meine höchst eigene Bedingungsfreiheit! Damit erreichte Ich auf einem Weg zwei Ziele: Sadhana wird nie wieder ihren Willen über den Meinen erheben, wodurch auch kein Kind jemals in einen solchen Abweg fallen kann; ferner wird sie w i l l e n s f r e i z u m d i e n s t b a r s t e n K i n d am großen Tat=Zyklus!

In diesem ‚Werk der Tat‘ offenbart sich der vierte Wesenspunkt als Vater-Schöpfer immer mehr, um einst im ‚Werk der Folge‘ umfassend als UR=Vater erkannt zu werden. Die Steigerungen könnt ihr jetzt nicht einmal ahnen! Ja, das Gesetz ist Raum und Zeit der heiligen UR=Ewigkeit, in der Ich, die Gottheit, lebe; und da ist a l l e s an sein Ziel g e s e t z t! Jedes gesetzmäßige Ende gebiert herrlich neue Werke, stets unwandelbar im Aufbau und im Ziel, wandelbar in der darin eingeschlossenen Richtung und dem Lauf. Alles aber, was da war, sich bildet, ist und werden wird in unerforschlicher Allgegenwart Meines Gott=Daseins, gründet sich auf ein e i n z i g e s u n a n t a s t b a r e s G e - s e t z, das in seiner Willensmacht sich niemals und in keiner Sache unterwirft. Dieses eine oberste, stets herrschende Gesetz heißt UR! Ich, UR, bin Selber das Gesetz!!

Denn seht, ehe Ich nur einem Kinde seinen ersten Lebensodem gab, lagen Werke unerhörter Herrlichkeit fertig hinter und auch vor Mir, vollendet in ihrem Ablauf, heilig vollendet im Aufbruch ihres Werdens! Auch die Vollendung dieses hochwundersamen Tat=UR=Zyklus, ja, die acht UR=Jahre mit ihren heiligernsten Einzeltagen, kaum erst erstanden in seinem zweiten Viertel, ist schon im Gesetz UR beschlossen!!

Ich will a l s U R am Erstehen, Werden und Vollenden der bereits in Mir fertigen Werke Freude haben. Darum gab Ich, Selbst Urraum und Urzeit, Mir die Form, die im Raum die Zeit mit Meinen Kindern miterlebt! Und sie erleben es mit Mir, dem Vater, der Ewig=Schöpfer ist. Im Vater lebt daher das Unantastbare, weil das UR=Gesetz ja nichts erst darzustellen braucht, son-

dern schon mit der Gründung eines Planes Zielvollendung ist!
Nur die Freude bedingt sich selbst die Zeit zum Schauen und
zum Mitempfinden, Miterleben aller Werke.
In der dienenden Entwicklungszeit in euch, in allem Leben,
selbst in der Materie sehe ich Mein ‚Hoch=Vollendet‘, immer
Mein ‚Vollbracht‘!! Ich erbaue Mich an Meinem Werk, das Mir
so wohl gelungen ist. Es wird nicht erst gelingen! Nur für die Kinder ist das Gewordene ein Werdendes. Hat Meine Freude sich
gelabt, so schafft Mein UR=Gesetz neues, kostbar Größeres.
Doch zuvor sollt ihr an Meiner UR=Freude euren Anteil haben,
der euch neues ‚Erdreich‘ gibt, m i t M i r ein heiliges Jahr=
Feld zu bestellen. – –
Nun empfangt Meinen heiligen Segen und Frieden. Ich bin bei
euch, wie ihr bei und in Mir ewig lebt. Amen.‘ (Karmatha, 1955,
S. 197-199).

Anmerkungen

Im einzigen prophetischen Buch des Neuen Testaments, der Offenbarung des Johannes, befindet sich im ersten Kapitel eine
Gottesrede und der dortige Gruß an die Gemeinden findet noch
heute teilweise zu Predigtbeginn regelmäßige Anwendung (vgl.
Offb 1,4+8). Dieser Gruß macht einen wichtigen Teil der Gottesrede aus und bringt für den Pastor eine hohe Verantwortung, für
die Gemeinde jedoch auch großen Gewinn mit sich: „Gnade sei
mit euch und Friede von dem, der da ist und der da war und der
da kommt" (Offb 1,4). Damit wird erbeten, dass mit der Predigt
der verheißene Heilige Geist über die Hörenden komme und
diese im Herzen anrühren und zur Nachfolge Jesu Christi stärken
möge. Mit den Buchstaben A und O beginnt und endet das grie-
chische Alphabet. Dies symbolisiert, dass Gott der Herr alles um-
fasst, da er der Allmächtige ist. Am Anfang wie auch am Ende des
menschlichen Lebens ist Gott da, hat selber jedoch weder Anfang

noch Ende, weshalb die Gottesrede bei Mose lautet: „ich werde sein, der ich sein werde" (vgl. Ex 3,14).

Die konzentriertesten Gottesreden bzw. Ich-bin-Aussagen finden sich im Evangelium nach Johannes. Damit ist eine gute Grundlage geschaffen, um weitere Offenbarungen bzw. die Geister unterscheiden zu können. Dieser Reichtum der Gottesreden ist bezeugt und stellt den Inhalt des christlichen Glaubens dar, weshalb diese hier zum Nachlesen lediglich aufgelistet werden: Messias, Brot des Lebens, Licht, Tür, Hirte, Auferstehung und Leben, Herr und Meister, Weg, Wahrheit und Leben, sieht den Vater, Weinstock und König (vgl. Joh 4,25, 6,35, 8,12, 10,7, 10,11, 11,25, 13,13, 14,6, 14,9, 15,1, 18,37). Stattdessen widmet UR den sieben Eigenschaften Gottes ein eigenes Werk (vgl. Eigenschaften Gottes o. J.). Es entstand 1969 und wurde 1978 gedruckt. Unmittelbar von UR erhalten Lesende hier eine Auslegung. Den höchsten Anspruch erhebend erfolgt zum Schluss eine Mahnung an die Gemeinden vor der Gefahr des ‚seelischen Hochmuts' (vgl. ebd., S. 91).

Im Werk „Karmatha" finden sich überzeugende Erklärungen, jedoch keine bezeugten Gottesreden wie sie in der Bibel offenbart sind.

In unvorstellbarer Kraft rufen die Engel:
‚Heilig, Heilig, Heilig, Heilig bist Du, o Herr! Vater aller Barmherzigkeit und guter Gott voll Liebe und Geduld! Hochpriester Melchisedek, der Du uns in Ernst und Weisheit führst! Heilig= erhabener Schöpfer, Dich haben wir kraft Deinem grundheiligen Ordnungswillen lieben gelernt! Gepriesen bleibe Dein ewig allheiliger Name UR=Imanuel, aller Erden Erlöser J e s u s ! Heilig, Heilig, Heilig, Heilig bist Du, o Herr!!' (Karmatha 1955, S. 210).

Anmerkungen

Die Bedeutung der Aussagen zweier Zeugen greift in der Bibel der Herr im Gespräch mit den Pharisäern auf (vgl. Joh 8,17). Die Ankündigung der Geburt Jesu ist durch die Evangelisten Matthäus sowie Lukas überliefert. Sie geschieht demnach einerseits durch den Engel Gabriel sowie andererseits durch einen Engel des Herrn. Zum einen offenbart sich der Engel Gabriel der Maria, zum anderen erscheint der Engel des Herrn dem Josef. Hiermit wird die Wahrhaftigkeit der Aussagen bekräftigt, da der Botschaftsinhalt identisch ist. Der Engel Gabriel verkündigt der Maria, dass sie einen Sohn gebären wird und ihm den Namen Jesus geben soll (vgl. Lk 1,31 ff.). Die Bedeutung des Namens Jesus lautet ‚Gott hilft‘. Dieser Aspekt wird verdeutlicht, als der Engel des Herrn dem Josef im Traum mitteilt, dass Jesus sein Volk von ihren Sünden retten wird (vgl. Mt 1,21 ff.). Aus diesem Grunde singen Christen zur Weihnacht „Christ, der Retter, ist da" (EG 46,2), was in der ursprünglichen Fassung ‚Jesus, der Retter, ist da' lautete (vgl. Hahn/Henkys 2007, S. 30). Allein Jesus rettet, so der christliche Glaube, den Menschen aus seinen Trennungen von Gott, seinen Sünden. Dies sei jedoch lediglich aufgrund der Empfängnis durch den Heiligen Geist möglich. Jesus wird deshalb Sohn des Höchsten genannt, der König sein wird in Ewigkeit und dessen Reich kein Ende haben wird. Die Erzählung von der Empfängnis durch den Heiligen Geist ist erforderlich, damit das Wort des Herrn an den Propheten erfüllt ist, in dem Name Immanuel genannt wird (vgl. Jes 7,14). Die Bedeutung dieses Namens lautet ‚Gott mit uns‘. Seit Jesus vom Vater durch den Heiligen Geist zu den Menschen gesandt wurde, wissen sie, dass Gott mit ihnen ist. Die Erfüllung dieser Verheißung geschieht für den Menschen, damit er sie hört, glaubend annimmt und versucht, danach zu leben.

In der Bibel wird vom Priester Zacharias und dessen Frau Elisabeth berichtet, die hochbetagt sind, jedoch keine Kinder haben. Da erscheint dem Zacharias im Tempel der Engel Gabriel und verkündet ihm, dass seine Frau einen Sohn gebären wird, dem er den Namen Johannes geben soll (vgl. Lk 1,5 ff.). Jesus wird vom Heiligen Geist gezeugt, Johannes wird bereits im Mutterleib mit dem Heiligen Geist erfüllt: Sechs Monate nach der Erscheinung des Engels Gabriel im Tempel besucht Maria Zacharias und die mittlerweile schwangere Elisabeth. Bei dieser Begegnung wird Elisabeth vom Heiligen Geist erfüllt und teilt Maria mit, dass sie selig ist, da sie geglaubt hat, denn es werde vollendet werden, was ihr vom Herrn gesagt ist. Darauf antwortet Maria mit einem Hymnus, in dem sie die Freundlichkeit und Allmacht Gottes preist. Dieser ist als Lobpsalm unter dem Titel ‚Magnificat' in der Kirchengeschichte bekannt. Daraus folgt, dass die Doxologie, der Lobpreis zur Verherrlichung Gottes, die menschliche Antwort auf die Verheißung darstellt.

Nachdem der reife Engel Karmatha auch die Prüfungen im Haus der Barmherzigkeit bestanden hat, erhält er durch die UR-Gottheit Gott in anbetender Feierlichkeit seine Weihe. Nach dieser heiligen Handlung gibt die UR-Gottheit Gott ein Wort, worauf „in unvorstellbarer Kraft [...] die Engel [rufen]" (Karmatha 1955, S. 210). Bei diesem Ruf handelt es sich um ein abgewandeltes Sanctus sowie eine veränderte Engelsbotschaft in Bezug auf Jesus, der hier erstmals namentlich genannt wird.

3. Nachwort

So endet die Entwicklung des Lichtkindes Karmatha, der durch die heilig=gute Führung die bedeutendsten Offenbarungen über unseres V a t e r s eigenen Erdenweg niederschreiben durfte, ein treuer Knecht Gottes auf dieser Welt.

‚Darum, ihr Kinder Meiner Liebe, erkennt auch diese Offenbarung. Suchet ernstlich, und es wird in allen Dingen die Wahrheit sich gern finden lassen. Nehmt diesen Weg als eine Belehrung für euch hin, und die Anwendung der Lehre bringt euch in Meines ewigen Lichtes Reich zurück, wie ihr es am Lebensbild des ‚Karmatha' erschauen, wahrnehmen und miterleben konntet. Gesegnet seien die freudigen Herzen, daß sie aus Meinem UR= Quell alles Leben trinken und Mir zur wahrhaftigen Freude werden wollen.

Meine heilige Freude hüllt alle guten Kinder ein. Amen.' (ebd.).

Anmerkungen

Nun ist den Lesenden die Herrlichkeit Christi erschienen und sein Glanz erleuchtet ihnen Herz und Angesicht immer wieder aufs Neue. Da sie nun seinen heiligen Namen kennen, sind sie getrost und rufen ihn in aller Ehrfurcht an. Dank dem Vater ist ihnen der Sohn gesandt und ohne den Geist können sie nicht glauben. Dank dem verheißenen Heiligen Geist entwickelt sich wiederum ein immer neues Verständnis für Gottes Wort, so dass die Gläubigen Freude an ihm haben und sich von ihm führen lassen. In seinem Wort sind ihnen die Sakramente der heiligen Taufe und des Abendmahls begründet. Daher erfreuen sie sich an ihrer Taufe und leben nun als von Gott bejahte Kinder Gottes. Sie wissen sich von Gott stets angenommen, auch über den Tod hinaus. Das Geschenk des Neuanfangs, der Kräftigung und Erneuerung dieses Bundes wird der Menschheit, so die biblischen Berichte, von Christus im heiligen Abendmahl gereicht. Ohne allen Verdienst geschieht dies rein aus der Barmherzigkeit Gottes heraus, weil den Menschen um des Namens Jesu Christi alle Sünden in Gedanken, Worten, Taten und sogar die ihnen gar nicht bewussten Übertretungen vergeben sind. Zu beiden Gnadengaben bedarf es der Gemeinschaft. Erst dank dem gemeinsamen Hören auf Gottes Wort ergreift die Frohe Botschaft, das Evangelium, stets neu und anders die Herzen der Gläubigen, dank der gemeinsamen Anbetung offenbart sich ihnen die Gegenwart Christi und dank dem gemeinsamen Singen erheben sich die Seelen von neuem. Dank dem gemeinsamen Feiern wissen die Christen, weshalb ihnen geboten ist, den Tag des Herrn heilig zu halten, dank dem gemeinsamen Segensempfang wird auf sie der Name Gottes gelegt und der Herr segnet sie selbst, wie es ansonsten nicht möglich ist. Weil den Menschen die Herrlichkeit Christi erschienen ist, können sie auch die Schönheit des Leibes Christi ergründen. Denn in ihm erleben, -fahren und -freuen sie sich an seiner Glorie wie sonst nirgends. Die Vielfalt der Gläubigen drückt sich in den vielfältigen Gemeinschaften aus und dennoch stellen alle gemeinsam den einen Leib Christi dar, dessen Haupt und König allein Jesus Christus ist. In der Ecclesia, der Gemeinschaft der Herausgerufenen, der Heiligen, findet das würdige Danken, Loben und Preisen, die Doxologie, zur Verherrlichung seines Namens statt.

Im Jahr 1951 wurde das ‚Lichtkind Karmatha' auf Erden als ‚treuer Knecht Gottes' bezeichnet. Nach dem Verständnis von UR war dies Jakob Lorber.

Der Lorber-Verlag bewirkte 1975 bei der Bietigheimer Stadtverwaltung die Umbenennung der Rosenstraße nahe den Verlagsgebäuden (in der Hindenburgstraße) in Jakob-Lorber-Straße. Der Verlag übergab dafür als Zeichen des Dankes die Hauptwerke Lorbers der Stadtbibliothek (vgl. Rinnerthaler 1982, S. 147).

Am 14. August 1981 wurde von Anhängern Lorbers an seinem Grazer Wohnhaus eine Granittafel mit folgendem Text in weißer Schrift angebracht:

Hier wohnte
Jakob Lorber
Der Schreibknecht Gottes,
der im Jahre 1840 in diesem
Hause die ersten Göttlichen
Offenbarungen empfing.
geb. 1800   gest. 1864
(Rinnerthaler 1982, S. 45).

Im Nachwort des Werkes „Karmatha" heißt es, dass „Karmatha [...] die bedeutendsten Offenbarungen über unseres Vaters eigenen Erdenweg niederschreiben durfte" (Karmatha 1955, S. 210). Hier fällt ein deutlicher Widerspruch sowohl zum Nicänum als auch zum christlichen Menschenbild auf: „Was sich bei Lorber als ‚christlich' ausgibt ist (neu)-gnostisch" (Daxner 2003, S. 260). Trotz einer überzeugenden Argumentationsweise liegt hier entweder die gleiche Selbsttäuschung wie bei Lorber-Anhängern vor oder UR täuscht sich bezüglich der verborgen gehaltenen Widersprüche.

Dem Nachwort folgt ein mehrseitiger belehrender Nachtrag. Doch die gewandte Ausdrucksfähigkeit ist keineswegs als Frucht des Heiligen Geistes zu verstehen, sondern hilft der Öffentlichkeit, die verborgen gehaltenen Widersprüche aufzudecken.

Es sei erinnert an die Begegnung Wolfs während ihrer Gefangenschaft 1945, bei der sie die Worte ‚Ich bin der ewig heilige UR – Ich bin der ewig Einzige und Wahrhaftige, sei getrost' hörte. Im Nachwort von 1951 ist zu lesen: „erkennt auch diese Offenbarung" (Karmatha 1955, S. 210).

Zum Schluss sei noch kurz auf die detaillierten Darstellungen der Personen eingegangen, die sich jeweils am Anfang eines jeden Bandes finden. Sie sind angeführt von UR, Jesus dem Vater, vom Anfang bis zum Ende. Es folgen detaillierte Hierarchien der Engel mit Namen sowie der Engel, die als Menschen, wie bspw. Abel, Adam, Hus und Luther, auf der Erde inkarniert sind. So hat sich UR offenbart und möchte, dass seine Kundgabe durch Wolf als Offenbarung anerkannt wird. Da Wolf ihm nicht widerspricht, benutzt er sie zu diesem Zwecke in der Zeit zwischen 1948–1985. UR kann im Werk „Karmatha" nicht zum Ausdruck bringen, dass er der Trinität wie auch der Analogie gerecht wird. Stattdessen zeigt er sich als ein Geist der gnostischen Gelehrsamkeit. Die hier vermittelte Lehre der Duale lässt die von Gott gewollte Gemeinschaft der Ehe (vgl. Gen 22,24) sekundär erscheinen, was für die Seelsorge von Bedeutung ist. Eine Offenbarung gipfelt stets in der Ehre der Trinität, hier gilt diese jedoch UR, Jesus dem Vater. Deshalb ist das Hauptwerk betitelt mit „UR-Ewigkeit in Raum und Zeit", deshalb führt UR die Darstellung der Personen an und deshalb heißt das Mitteilungsblatt „UR – Das wahre Ziel".

Dank dem verheißenen Heiligen Geist gibt es jedoch für alle Gläubigen zum Erschließen göttlicher Eigenschaften einen bewährten Weg. Lieder wie ‚Gott ist gegenwärtig' (vgl. EG 165) laden zur Liedmeditation ein und dienen der Heiligung des Menschen. Nachfolge Christi und Heiligung gehören untrennbar zusammen, Letztere aber besteht im Verwandeltwerden im Anschauen der Gottheit Gottes, der göttlichen Einfalt, Innigkeit, Freiheit, Sanftmut, Stille, Zufriedenheit und Klarheit (vgl. Deichgräber 1997, S. 30).

IV Einschätzung

1. Literarische Leistung

In einer zum Teil anmutend erhabenen Sprache mit immer neuen Formulierungen werden die Belehrungen bezüglich der vier UR-Wesenszüge (Vater, Gott, Priester, Schöpfer) und der sieben Eigenschaften (Liebe, Geduld, Ernst, Weisheit, Wille, Ordnung, Barmherzigkeit) anschaulich dargeboten. Alles baut aufeinander auf und innere Widersprüche scheint es nicht zu geben. Die eigenständige literarische Leistung dieses religiösen Werkes ist insgesamt beachtenswert.

2. ‚Innere Sehe‘

In Heft 16, dem zweiten Band, wird wie selbstverständlich davon gesprochen, dass der Mensch die „innere Sehe mit dem Segen aufgetan bekommt" (Karmatha 1955, S. 82). Somit scheint dies auch auf Erden möglich bzw. ein Mensch kann wie Lorber die ‚innere Stimme‘ hören.

3. Himmelsvorstellungen

Anstelle von Wolfs originellem Werk vermitteln Bibel und Gesangbuch christliche Himmelsvorstellungen, so dass die Gläubigen bezüglich der Eschatologie zu christlichen Hoffnungsfantasien, dass sie sich bereits heute auf den Himmel freuen dürfen, der sie nach dem Tod erwarten wird, ermuntert werden (vgl. Pöhlmann 2016, S. 66 ff.).

4. Engelsfürsten als Duale

UR schafft die Engelsfürsten jeweils als Duale. Deshalb werden bei den Personen die Namen des männlichen sowie des weiblichen Engels genannt. Auch das Engelskind Karmatha hat eine himmlische Gefährtin: Sein Dual heißt Sama. Ein Engel kann sich außerdem auf Erden in einem Menschen inkarnieren. Hier ist jedoch die gottgewollte Gemeinschaft die Ehe (vgl. Gen 2,24). Nach theologischem Verständnis hat allein Jesus Christus eine Präexistenz, nicht aber jeder Mensch. Hier kollidieren somit zwei Anschauungen, die von Dual- und die von Ehepartnern, miteinander, wobei Letztere sekundär erscheint. Voraussetzung für dieses Konstrukt ist die Präexistenz der menschlichen Seele. So gilt hier die uneingeschränkte Liebe nicht mehr dem Ehepartner, sondern dem himmlischen Dual. Doch meist finden die inkarnierten Dualpartner sich auf Erden nicht, schon gar nicht in der Ehe. Diesbezüglich sind vielfältige gnostische Hoffnungen und Spekulationen möglich. Betroffene können sich von diesen Vorstellungen meist erst mithilfe von aufklärender Literatur oder der Seelsorge erfahrener Pfarrer lösen.

5. Vierwesenheit statt Dreieinigkeit

Der Name Jesus wird, abgesehen von einer Ausnahme am Ende des dritten Bandes (vgl. Karmatha 1955, S. 210), lediglich deshalb nicht genannt, weil hier UR Jesus der Vater ist. Trotz schlüssiger Erklärung wird hier der Widerspruch zur Bibel offensichtlich.

Damit findet schleichend ein Austausch der Dreieinigkeit gegen die Vierwesenheit statt, deren höchster Name UR sei, der über die Jahrhunderte hinweg weder dem Juden- noch dem Christentum offenbart wurde.

Es stellt sich die Frage, weshalb UR derartig geschickt gegen die Dreieinigkeit argumentiert. Wie kann UR die ‚Neuoffenbarung' Jakob Lorbers mit dem Werk „Karmatha" bestätigen, obwohl diese keineswegs als Grundlage des christlichen Glaubens gelten kann, wie mittlerweile durch einige Arbeiten belegt? Wie konnte UR diese Tatsache entgehen? Mithilfe der Schrift „Karmatha" lassen sich somit Rückschlüsse auf UR ziehen.

6. Karmathas Erziehung

a) Erziehung

Ein Engelskind namens Karmatha erhält seine Erziehung im Elternhaus der Eigenschaft Liebe vom Engelpaar Rafael und Agralea. Sie gehören zu den treugebliebenen Engeln, folglich ist auch das Engelskind Karmatha eine nicht gefallene Lichtseele. Weil aus Engelskindern gereifte Engel werden, finden auch gemeinsame Mahlzeiten statt.

b) Belehrungen

Doch geht es hier weniger um das Essen als vielmehr um die Gespräche bzw. die immerwährenden Belehrungen. Belehrungen durch die vier Wesenszüge der UR- Gottheit (Vater, Gott, Priester, Schöpfer) werden als Offenbarungen bezeichnet, an denen das Engelskind reift und zunehmend Erkenntnisse sammelt. Wenn das Engelskind Karmatha selbst zur Belehrung kleiner Engel spricht, spricht durch ihn die Vierwesenheit, so dass von den Hörenden auch dies als Offenbarung bezeichnet wird. Die räumlichen Vorstellungen übersteigen das irdische Fassungsvermögen. Hier wird stets von Sonnen bzw. von Sonnensystemen oder von einer Schöpfung bzw. einer folgenden neuen Schöpfung gesprochen. Mit dank der immerwährenden Belehrungen zunehmender Reife werden die Schöpfungen und deren Gesetze minuziös erklärt. Das Leben scheint aus Belehrungen und anschließenden Aufgaben, in denen das Gelehrte auf Umsetzung geprüft wird, zu bestehen.

c) Erkenntnisse

Durch die Erkenntnisse dringt das Engelskind Karmatha und somit auch der Leser oder die Leserin immer tiefer in das Verständnis der Vierwesenheit ein. Hier zeigt sich einerseits höchste Erkenntnis und andererseits kindliches Vertrauen zur UR-Gottheit Vater, den es zu lieben gilt. Dies alles findet allein deshalb statt, weil in dieser Kindsschöpfung der große Engel Sadhana seine Freiheitsprobe nicht bestanden hat und deshalb als Zeichen der Barmherzigkeit der Fall in die materielle Schöpfung entstand, damit auch Sadhana eines Tages frei in die von der Vierwesenheit vorbestimmte Herrlichkeit gelangen kann. Die Vierwesenheit, also die UR-Gottheit, opfert sich auf Erden zugunsten der Rückführung. Aber auch Engel opfern sich und gehen auf die Erde. Folglich ist die materielle Schöpfung, insbesondere die Erde, negativ belastet. Das Leben auf Erden ist somit nur ein ‚Probeleben‘, entweder als Opfer für andere oder, bei einer gefallenen Seele, zu deren eigener Läuterung. Je mehr das Gelesene beeindruckt, desto mehr erscheint das Erdenleben nicht mehr als Geschenk Gottes, sondern lediglich als zur Vierwesenheit der UR-Gottheit hinführendes ‚Probeleben‘.

7. Heiliger Geist

Nur im ersten der drei Heften wird einmal der Heilige Geist erwähnt (vgl. ebd., S. 70). Denn bei dem im restlichen Werk überzeugend argumentierenden Geist kann es sich nicht diesen handeln, da er weder Jesus Christus bezeugt noch sich als solcher zu erkennen gibt.

Der Absolutheitsanspruch URs ist keinesfalls konform mit dem des Heiligen Geistes, wenn auch der Empfang frei schien sowie der Erwerb heute frei ist: Lediglich die „Vier Marksteine aus dem Leben Jesu", „Karmatha" und „Der Patriarch" waren zunächst über den Urgemeinde-Verlag ausschließlich kostenpflichtig erhältlich. 1961 wurde durch die VTG sichergestellt, dass von diesem Zeitpunkt an alle Werke Wolfs kostenfrei zu erwerben waren. Dies vermittelt den Eindruck, dass für sie der Empfang ihres Werkes frei geschah und in der Konsequenz auch dessen Erwerb frei sein soll. Der Empfang war jedoch lediglich insofern frei, als sie bereit war, ihre Kritikfähigkeit aufzugeben, wobei es letztlich unerheblich ist, ob dies bewusst oder unbewusst geschah. Dies lässt sich mit folgender Bibelstelle untermauern: „umsonst habt ihr es empfangen, umsonst haben wir es auch weiterzugeben" (Mt 10,8). Sie ist entnommen der Erzählung von der Aussendung der zwölf Apostel. Diese verfügen, so die Bibel, über die Macht, Kranke zu heilen, Dämonen auszutreiben und Tote zu erwecken. Jede Arbeit ist ihres Lohnes wert und somit sollen sich die Apostel zwar auf die Hilfe Gottes verlassen, aber dennoch selbst arbeiten, um nicht auf die Barmherzigkeit anderer angewiesen zu sein. Teilweise wird die grundsätzliche Kommerzialisierung des Lorber-Werkes für falsch erachtet und Wolf wurde außerdem seitens Bietigheim nicht anerkannt. Somit fand sich für die Führung ein anderer Weg: Die kostenfreie Verteilung des Werkes über die VTG, einhergehend mit der Gefahr, dass auch den Leserinnen und Lesern die Kritikfähigkeit genommen wird. Die versprochene Freiheit Jesu widerspricht dem grundsätzlich: Sie bedeutet Freiheit als Sündenvergebung durch das einmalige Opfer Jesu Christi und nicht Beeinflussung durch kostenfreie Werke, die letztlich in Unfreiheit empfangen wurden.

8. Confessio Augustana

Wird das Pauluswort „denn der Geist erforscht alle Dinge, auch die Tiefen Gottes" (1 Kor 2,10) dem Kontext gemäß der Einleitung zur Analyse gerecht?

In diesem Pauluswort geht es um die Weisheit Gottes, die im Geheimen verborgen ist und die Gott den Menschen durch den Geist offenbaren will. Er predigte allein von Jesus Christus, dem Gekreuzigten, denn nur so ist der Glaube auf Gotteskraft gegründet und nicht auf Menschenweisheit. Jedoch erscheint im gesamten Werk „Karmatha" nie die Formulierung ‚Jesus Christus, der Gekreuzigte'. Wolf ist in der evangelisch-lutherischen Kirche getauft und konfirmiert, deren Glaubensgrundlage die CA bildet, und war auch bis an ihr Lebensende in Österreich in der Evangelischen Kirche A. B. Als sie ‚sich UR zur Verfügung stellte', bemerkte sie wohl nicht die geschickte Argumentation gegen die CA, insbesondere gegen den ersten Artikel ‚Von Gott' (vgl. CA 1988, S. 23). Die CA war ursprünglich ein ökumenisches Bekenntnis. Wolfs „Karmatha" ist keinesfalls im Geist der CA verfasst, denn dieser fördert keineswegs die Einheit, sondern vielmehr die Spaltung der Ecclesia. Stattdessen leuchtet hier aus der Tiefe Gottes der reformatorische Grundsatz ‚Solus Christus'.

V Ausblick

1. Universelle Gottesoffenbarung

Wohl die meisten Freunde Wolfs schätzen auch die ‚Neuoffenbarung' Lorbers und einige werben für diese z. B. durch
Verschenken des vom ‚Neuoffenbarungs'-Publizisten Wilhelm
Kirschgässer (1904–2007) alias Kurt Eggenstein verfassten Bu-
ches „Der Prophet Jakob Lorber verkündet bevorstehende Katastrophen und das wahre Christentum". Zwischen dessen Erstaufla-
ge 1973 und dem Jahr 2019 erschienen davon 16 Auflagen, wobei
die letzte eine Überarbeitung erfuhr, obwohl der Autor bereits
verstorben war. Verbreitet werden innerhalb dieser Kreise untereinander außerdem zum Teil auch neuzeitliche Kundgaben, sogenannte ‚Vaterworte', wie bspw. die von Manfred Mühlbauer, dessen geistige Führung dem Werk Anita Wolfs aufgeschlossen ge-
genübersteht, und die des ‚Liebe-Licht-Kreises Jesu Christi'
Nürnberg (gegr. 1976), dessen Grundlage das über fünfzig Seiten
umfassende Buch „Jesus Christus lehrt: Den Weg zur Einheit
durch Liebe", bei dem es sich um Schulungen handelt, bildet. Im
Gegensatz zur Lorber-Bewegung finden unter den Freunden
Wolfs keine regelmäßigen Tagungen oder Treffen von Freundes-
kreisen statt. Das verbindende Organ ist, neben dem Werk Wolfs
selbst, das kostenfreie und unregelmäßig erscheinende Mitteilungsblatt „UR-Das wahre Ziel".

2. Gottes-Geist-Gemeinde

Seit Anita Wolfs Tod 1989 hat sich UR mit keinem weiteren
Werk mitgeteilt. Seitdem besteht die sogenannte ‚Gottes-Geist-
Gemeinde', da Wolf bereits 1958 Jakob Lorber als Glied solch

einer ‚Lichtgemeinde‘ bezeichnete (vgl. Vortragsmappe o. J., S. 112). Weil der Ursprung im ‚Lichtreich‘ liegt, ist im Mitteilungsblatt von ‚Lichtfreunden‘ sowie ‚Lichtgrüßen‘ zu lesen. Gemäß Wolf lebt die ‚Lichtgemeinde‘ vom ‚sprudelnden Gotteswort‘ und nicht vom ‚blühenden Unkraut‘. Letztgenanntes meint ‚Vaterworte‘, über die Wolf sagte: „Denn eine Stufe tiefer geht es nicht" (vgl. ebd., S. 60). Mittlerweile werden jedoch auch solche ‚Vaterworte‘ im Mitteilungsblatt abgedruckt.

3. Ende und Anfang einer Ära

Die klassische Ära der ‚Neuoffenbarung‘ begann 1840 mit Lorber und wurde durch die ‚universelle Gottesoffenbarung‘ im Werk „Karmatha" 1953 bestätigt. Mit Wolfs Tod 1989 endete diese Ära. Bis heute galt stets die Bibel als Glaubensgrundlage, auch wenn sie als ergänzungsbedürftig angesehen wurde.

Es schließt sich die Ära einer Neureligion an, die auf Offenbarungen durch Gabriele Wittek gründet. Wittek wurde 1933 in Wertingen bei Augsburg in einem katholischen Elternhaus geboren. Durch den Tod ihrer Mutter 1970 geriet sie in eine schwere Krise. Sie besuchte spirituelle Zirkel und glaubte, Stimmen aus der jenseitigen Welt zu vernehmen. Am 6. Januar 1975 erlebte sie den ‚Durchbruch‘ zum ‚Inneren Wort‘ und empfindet sich seitdem als Sprachrohr u. a. für ihren geistigen Lehrer ‚Bruder Emanuel‘, für Jesus Christus und für Gott-Vater. Sie gilt als Gründerin und Leiterin des seit 1972 bestehenden ‚Heimholungswerkes Jesu Christi‘ (HHW), das seit 1984 den Namen ‚Universelles Leben‘ (UL) trägt. Im Todesjahr Wolfs erschien die neue Bibel des UL „Das ist Mein Wort – Alpha und Omega". Hier wird, so der Anspruch, durch ‚Jesus Christus' die Bibel erklärt, berichtigt und vertieft.

4. Rezipierte Texte

Fällt in ‚Neuoffenbarungen' das Rezipieren anderer Texte auf, so gilt es, den jeweiligen ursprünglichen Text zu ergründen. Dies geschieht im Folgenden am Beispiel der ‚Sieben Geister' bzw. ‚Eigenschaften Gottes' und der ‚Sieben Bewusstseinszentren'. Bei Jakob Lorber erklärt der Engel Rafael dem Freund Jesu Lazarus von Bethanien Wesen, Wirken und Bedeutung der ‚Sieben Geister Gottes': Liebe, Weisheit, Wille, Ordnung, Ernst, Geduld und Barmherzigkeit (vgl. Evangelium Johannis 1967, Kap. 18-1-15). Dies hat somit Wolf in „Karmatha" in Form der ‚Sieben Eigenschaften Gottes', Liebe, Geduld, Ernst, Weisheit, Wille, Ordnung und Barmherzigkeit, wenn auch in veränderter Reihenfolge, rezipiert. Auch beim UL werden die sieben Eigenschaften von Lorber/Wolf rezipiert, jedoch hier mit einer vollkommen anderen Intention. Bei Wolf war die Reinkarnation noch die Ausnahme, doch beim UL bildet sie, verbunden mit der Lehre vom Karma, dem ‚Gesetz von Ursache und Wirkung', das Zentrum. Beim ‚Inneren Weg' begegnet der ‚siebenfache Pfad'. Durch meditative Kurse gilt es dabei, die sieben göttlichen Eigenschaften in den sieben Bewusstseinszentren des Menschen zu verinnerlichen. Dadurch wird der Mensch vom ‚Gesetz von Ursache und Wirkung' befreit und schließlich selbst von ‚Christus' zum göttlichen Ursprung geführt, so dass er wieder ein Geistwesen wird (vgl. Pöhlmann 2011, S. 7).

Ein Hinweis hinsichtlich der Dauer der Ära dieser „synkretistischen Neureligion auf neuoffenbarischer Grundlage" (ebd.,

S. 26) kann in der Tatsache gesehen werden, dass bereits in den 1990er Jahren, also noch zu Lebzeiten der ‚Prophetin' des UL, sich diese sowohl aus der Bundesgemeinde ‚Neues Jerusalem' sowie den ‚Christusbetrieben' zurückzog.

VI Exkurse

1. Einsichten in die „Vortragsmappe"

Die „Vortragsmappe" enthält 18 Vorträge, die Wolf im Alter von 52 bis 64 Jahren hielt: im ersten Jahr zehn, 1953 drei und in den weiteren Jahren jeweils einen. Darin kommen ihre Glaubensvorstellung und Gotteserkenntnis zum Ausdruck und ihr Sendungsbewusstsein wird durch den stets belehrenden Charakter deutlich. Noch als 83-Jährige muss sie zum Inhalt ihrer Vorträge gestanden haben, denn die Mappe wurde erst 1983 gedruckt. Wolf hat sich offenbar während des ‚intuitiven Schreibens' das ‚übermittelte' Gedankengut zu eigen gemacht. Auch erscheint es möglich, dass sie ‚intuitive Hilfe' erfuhr: So zeigt sich in ihren Vorträgen zwar einerseits die Frucht ihres ‚intuitiven Schreibens', jedoch erscheint es andererseits nicht ausgeschlossen, dass sie möglicherweise auch hier ‚intuitiv' geführt wurde. Beachtenswert ist, dass sich UR nach Wolf sowie in der gesamten jüdischen wie christlichen Tradition davor keinem weiteren Menschen mitgeteilt hat.

Die zahlreichen in den Vorträgen angeführten Bibelstellen finden keinesfalls allein deshalb Verwendung, um auf Christus und damit verbunden die Präexistenz der Trinität hinzuweisen. Vielmehr wird stets die Geistschöpfung hineininterpretiert.

Weiterhin werden Fragen gestellt, Probleme aufgeworfen und aus Perspektive der geistigen Schöpfung beantwortet. Somit müssen die Antworten absolut sein. Wenn auch mehrfach von Demut die Rede ist, wirken die Aussagen bei genauer Untersuchung dennoch geradezu anmaßend, wenn nicht gar hochmütig. Immer wieder verschleiert die geschickte Ausdrucksweise jedoch diesen Eindruck.

a) Seelen von oben und unten

Über Kinder von oben und unten wird später noch Ausführliches zu sagen sein, heute nur der Hinweis, daß bei einem Kind von oben das bewußte Seelensein vom Lichte stammt, der Verbindungsstoff zwischen Seele und dem Körper stets der Materie entnommen wird. Goethe sagte in ‚Faust‘ eine Wahrheit: ‚Zwei Seelen wohnen, ach, in meiner Brust; die eine will sich von der andern trennen: die eine hält in derber Liebeslust sich an die Welt mit klammernden Organen; die andre hebt gewaltsam sich vom Dunst zu den Gefilden hoher Ahnen.‘ Ja, das innere Lebensbewußtsein einer Gotteskinderseele will das Gute; ihr äußeres Naturell neigt zur Welt, von wo es auch genommen ward (Vortragsmappe o. J., Januar 1952, S. 10).

Seelen von oben sind Lichtkinder, sie gehen als solche wieder ein in ihres Vaters Haus. Wäre es anders, so müßte Gott eine zweifache, nebeneinander herlaufende Schöpfung hergestellt haben: ein Engelreich und ein Kinderreich! Zwischen beiden gäbe es dann eine Kluft. Jene aber zwischen Licht und Finsternis wurde durch das heilige ‚Es ist vollbracht‘ aufgehoben; denn dafür steht Golgatha (Vortragsmappe o. J., März 1952, S. 24)!

Anhand einer Offenbarungsschrift möchte ich von einer solchen Führung künden. Über Seinen Erdenweg hat Gott selbst hauptsächlich durch unsern Bruder Jakob Lorber Herrliches offenbart. Das beweist, daß derselbe ein Kind von oben ist, ansonst er unmöglich ‚Gottes Stimme‘ so ausgiebig hätte hören und wiedergeben können.
Er ist an die Seite der eingangs erwähnten Patriarchen, Propheten, Jünger und Gotteskämpfer zu rücken. Die aus den ersten Lichtgruppen nachgekommenen Engelskinder haben auch solche Berufung und Erwählung erhalten. Zu ihnen gehört, wollen wir der Sache Glauben schenken, unser Lorber. Höret einiges aus seinem Leben vor der Erde (Vortragsmappe o. J., Dezember 1953, S. 94).

Die Jünger Jesu stammten aus dem Licht, die der Herr mit auf die Erde nahm. Und was machte Er aus ihnen? Arme Leute! Einige wenige waren reich und weltlich angesehen. Aber keinem ward gesagt, wer und was er war oder würde. Nur einen Hinweis gibt der Herr: Ihr seid nicht von dieser Welt! Er sagt ausdrücklich hier nicht ERDE, setzt jedoch hinzu, daß ihre Namen im Himmel geschrieben sind, offenbart sie aber nicht! Dieses ist der einzige Hinweis, den die Jünger über ihr vorheriges himmlisches Leben, über ihre Licht-Wesenheit erfahren haben (Joh. 15,19; Luk. 10,20) (Vortragsmappe o. J., Juni 1959, S. 115).

Das Welten-Ende bietet Gottes Kindern, die eben jetzt auf Erden leben, zu denen wir uns ohne Überhebung rechnen dürfen, noch eine ganz besondere Lehre. Wer Gott wirklich liebt und IHM dienen will, so gut er es vermag, der ist von oben her, wie JESUS das zu Seinen Jüngern sagte. Wir sollen nur nicht wähnen, zur ersten Kindergruppe zu gehören, wie etwa Henoch, Elia und andere es sind.
[...]
Und zuletzt, liebe Freunde, belassen wir dem Vater unser ganzes Herz. Dann mag kommen, was da will: Wir sind nicht von dieser Welt, und wir bleiben nicht in ihr! Von UR sind wir ausgegangen, und zu UR, dem Ewig-Heiligen, dem Ewig-Einzigen und Wahrhaftigen, kehren wir zurück! Ihm, dem Vater der Barmherzigkeit, sei dafür Dank, Lob, Preis und Ehre dargebracht. Amen (Vortragsmappe o. J., August 1960, S. 125, 126).

Anmerkungen

In der Bibel ist der Mensch stets als Ganzes dargestellt. Die Dreigliederung von Körper, Seele und Geist, die die Gnosis übernahm, stammt aus der griechischen Philosophie. Seelen bzw. Kinder von oben und unten erklären sich aus dem präkosmischen Fall. So werden Aussagen in das Johannes-Evangelium hineininterpretiert und als Rechtfertigung für die vertretene Lehre angeführt. Im ersten ‚Ich bin'-Zeugnis, „Ich bin das Licht der Welt"

(Joh 8,12), spricht Gott zu den Juden, sie seien von unten her, er aber sei von oben her (vgl. Joh 8,23). Im letzten Zeugnis des Täufers Jesu heißt es: „Der von oben her kommt, ist über allen. Wer von der Erde ist, der ist von der Erde und redet von der Erde" (Joh 3,31). Nur Jesus kommt vom Himmel, allein er ist gesandt und spricht Gottes Worte (vgl. Joh 3,34). Jesus verheißt, dass die Seinen von der Welt gehasst werden, da sie, weil er sie aus der Welt herausgerufen hat, nicht mehr von dieser Welt sind (vgl. Joh 15,19). Gott beruft Jünger, die jedoch nicht vom Himmel kommen, denn dies trifft ausschließlich auf den Herrn zu. Im hohepriesterlichen Gebet möge der Vater die Jünger in einem Namen erhalten. Weil sie Jesu Worten des Lebens vertrauen, glauben sie und erkennen ihn als den Heiligen Gottes (vgl. Joh 6,69). Da der Herr den Seinen das Wort gibt und diese es annehmen, sind sie nicht mehr von dieser Welt, weshalb die Welt sie hasst. Darum kann er sagen, sie sind nicht von der Welt, wie auch ich nicht von der Welt bin (vgl. Joh 17,14). Jesus kann nur deshalb die Worte des Lebens verkünden, weil er allein von oben ist und nicht von der Welt. Nur im präkosmischen Schöpfungsfall kommen Seelen von oben und unten vor. Unter Ersteren werden die in der geistigen Schöpfung Gott treugebliebenen Seelen verstanden, die nicht dem abgewandten Lichtengel Sadhana folgen. Aus Sadhana wird Luzifer. Die Terminologie der Seelen bzw. Kinder von oben wird in der Gnosis, jedoch nicht im Johannes-Evangelium verwendet. Wären die engsten Jünger ‚Seelen von oben', wäre es nur natürlich, dass sie den Worten Jesu glauben und ihn erkennen. Das Wunder bzw. Werk Gottes besteht jedoch darin, dass auch heute noch Menschen vom göttlichen Wort im Herzen berührt werden und in die Nachfolge Christi treten.

b) Trinität

Das Dreieinigkeitsdogma ist ein Überbrückungsglaube, durch Sadhanas Fall bedingt. Von dem Augenblick an deckte UR Sein volles Wesen zu. Es traten – wie als Einzelteile – die Führung als Vater, das Wort als Sohn, die Sendung als Heiliger Geist hervor, deren Einheit erst mit Golgatha, für die Gefallenen als Viertes die Wiedervereinigung des Kindgeistes mit dem UR-Geist, vor sich ging (Vortragsmappe o. J., Juni 1952, S. 45).

Die Allgegenwart ist Beweis des wesenhaften Gottes. Wohl glaubt die Christenheit an den persönlichen Gott; nur ihre ‚drei Personen' sind nicht wahr. Das ‚Ich-Bin' setzt unwiderlegbar den Nur-Ein-Gott voraus, dem eine Dogma-Trinität nicht zugeschoben werden dürfte. Gäbe es dieselbe UR-gotthaft, so wäre auch von Anfang an verkündet worden: ‚Wir sind Vater, Sohn und Heiliger Geist!' Und unmöglich ist, sie von Jesu ab als gegeben zu betrachten, weil die Gottheit sich zu diesem Zeitpunkt hätte erst in eine Dreiteilung verwandeln müssen, wodurch Gottes Unwandelbarkeit aufgehoben wäre (Vortragsmappe o. J., Juli 1956, S. 100).

Die Christenheit, sich zwar manche Mühe gebend, hat noch immer nicht den Anschluß an die ‚Gottes-Erde' gefunden. Sicher ist der Nur-Glaube gut; doch er reicht nicht aus, um UR in Seinem wunderbaren Wirken zu erkennen. Viele sind durch die ‚genormte Lehre' so dogmatisiert, daß sie ein Dogma höher stellen als Gottes Wirklichkeit. Sie klammern sich am Buchstaben fest, aber den Lebendigen, den GOTTES-Geist, lassen sie vorübergehen (Vortragsmappe o. J., Juni 1959, S. 115).

Die einzige Stelle in der Bibel lautet: ‚Gehet hin in alle Welt, lehret alle Völker, und taufet sie im Namen des Vaters und des Sohnes und des Heiligen Geistes.' Dieser Text wurde erst im Konzil zu Nicäa formuliert, nach heftigen Debatten, keineswegs aus Überzeugung oder gar aus altem Glauben, der die Vorausset-

zung verlangt: Was sagt GOTT von sich selbst? Zwei Dinge erge-
ben die wahre Bahn[.]
[...]
Heilige sind nicht jene, von Menschen so bezeichnet, HEILIG
ist nur GOTT! Doch Geduld und Glaube leiten uns am besten
in das Licht. Der EINE GOTT hat nur eine Wahrheit, einen
Namen, was Seine Wesenheit betrifft. Es gibt keine Trinität. Das
Zeugnis aus der Bibel kann kein Konzilium weder aus dem Weg
räumen noch verdunkeln (Vortragsmappe o. J., Juni 1964,
S. 128–129, 131).

Anmerkungen

Zwischen dem Segen Gottes und der Heiligen Taufe existieren
sowohl Gemeinsamkeiten als auch Unterschiede. Eine Gemeinsamkeit besteht sicher darin, dass sich niemand selbst den Segen
Gottes zusprechen oder taufen kann. Die heilige Taufe ist einmalig, wohingegen der Segen Gottes einem Menschen immer wieder
zugesprochen werden kann. Dabei legt sich Gottes Gegenwart auf
den Menschen und mit der Taufe gehört er unverrückbar zu
Gott. Auf dem aaronitischen Segen liegt Gottes Verheißung, dass
der Herr selbst sie segnen wird, wenn die Priester seinen Namen
auf die Israeliten legen (vgl. 4. Mose 6,22–27). Deshalb erbittet
auch heute noch in der Kirche Christi am Ende jedes Gottesdienstes der Pfarrer den Segen Gottes, mit den gleichen Worten
wie einst bei Aaron. Im aaronitischen Segen empfangen die Menschen Bewahrung und Führung für die Zeit wie für die Ewigkeit.
Es begegnen ihnen Behütung, Vergebung und Frieden. Diese un-
verrückbare Einheit besteht in seinem Namen. Weil dem aufer-
standenen Christus vom Vater alle Gewalt im Himmel und auf
Erden gegeben ist, kann er unmittelbar vor seiner Himmelfahrt
sagen: „Darum gehet hin und lehret alle Völker. Taufet sie auf
den Namen des Vaters und des Sohnes und des Heiligen Geistes

und lehret sie halten alles, was ich euch befohlen habe. Und siehe, ich bin bei euch alle Tage bis an der Welt Ende" (Mt 28,19–20). Erneut begegnet hier der Name Gottes, drei und doch unverrückbar einer, die heilige Trinität: Die Behütung im Vater, die Sündenvergebung im Sohn und der Friede im verheißenen Heiligen Geist.

Das Matthäus-Evangelium wurde in der Zeit um 50–70 n. Chr. geschrieben; das erste Konzil zu Nicäa fand 325 n. Chr. statt. Wolf stellt hier die Bibel in Frage und hält im Vortrag von 1964 ihre Behauptung fest, dieser Abschnitt sei erst nachträglich ins Matthäus-Evangelium aufgenommen worden. Stets haben spiritualistische Sondergemeinschaften Schwierigkeiten mit der Trinität. Für die Verkündigung des ‚wahren' Glaubens scheinen ihnen derartige Mittel recht zu sein. Lediglich viermal findet in der gesamten „Vortragsmappe" der Heilige Geist Erwähnung (vgl. Vortragsmappe o. J., S. 68, 91, 107, 131), dagegen vielfach die Vierwesenheit UR, die der Christenheit und ihrer Trinität eine Entgottung attestiert (S. 100). Einer Verifizierung halten diese Aussagen jedoch keineswegs stand, denn Gottes Bindung an das äußere Wort ist nach lutherischem Verständnis von der formalen Schriftautorität zu unterscheiden. Gegenstand des Glaubens ist nicht, dass die Bibel wahr ist, sondern Gottes Zusage in dem Menschen Jesus von Nazareth. An dieser Zusage muss sich auch die Wahrheit der Heiligen Schrift messen lassen. Dies verlangt jedoch einen reflektierenden Umgang mit der Schrift. Somit liegt es in der Verantwortung jedes Einzelnen, der in sich empfinden muss, dass es Wahrheit sei (vgl. Pöhlmann/Jahn 2015, S. 39). Immer wieder werden in der „Vortragsmappe" Symbolik und Entsprechungen aus Perspektive der geistigen Schöpfung in das biblische Wort, Lorbers ‚Neuoffenbarung' und das menschliche Leben interpretiert, um so die Genialität von UR zu beweisen, anstatt den Glauben an Jesus Christus zu bezeugen und beim Hören bzw. Lesen zu stärken. Somit wird hier der Grundsatz ‚Solus Christus' keineswegs vermittelt.

Von den 18 Vorträgen kommen in 13 der Name Lorber oder ein ‚Neuoffenbarungs'-Zitat mit oder ohne Quellennachweis vor. Damit sollen wohl Freunde der ‚Neuoffenbarung' auf das Werk von UR aufmerksam gemacht werden. Kamen Wolf kleinlicher Hader oder Unversöhnlichkeit zu Ohr, sagte sie dazu nur ‚Es menschelt halt schon wieder...' (vgl. Brunnader 1990, S. 58). Vielleicht löste gerade die gnostische Heilslehre diese Unversöhnlichkeiten aus. Viele Freunde der ‚Neuoffenbarung' Lorbers waren Wolf argumentativ keineswegs gewachsen, wie es vielleicht ein erfahrener Apologet der evangelisch-lutherischen Kirche gewesen wäre. Wohl weil diese seit 1949 dem ‚Intuitiven Schreiben' generell keinen deutlichen Widerspruch entgegensetzte, wurde jedoch auch kaum ein Widerspruch gegen Wolfs Werk seitens solcher Apologeten formuliert. In den 18, jeweils ca. siebenseitigen Vorträgen finden sich durchschnittlich 14 Bibelzitate oder -hinweise, wobei jedoch der Kontext stets unberücksichtigt bleibt. Vorgebliche Schriftkenntnisse dienen lediglich der Hineininterpretation einer gnostischen Heilslehre, deren Anhänger sich als Urgemeinde Gottes verstehen.

2. Die briefliche Korrespondenz

a) Briefe von Anita Wolf

Aus Wolfs umfangreicher Korrespondenz wird hier auf 13 mit Schreibmaschine bzw. in deutscher Handschrift verfasste Briefabschriften eingegangen (vgl. Brunnader 1990, S. 23–49). Diese veranschaulichen die Führungen innerhalb der ‚Neuoffenbarungs‘-Bewegung, insbesondere das Verhältnis zwischen Josef Brunnader und Anita Wolf. Die Briefe stammen aus den Jahren 1957 bis 1960. Mittlerweile waren folgende Werke entstanden: „UR-Ewigkeit in Raum und Zeit" (1949/50), „Die vier Marksteine aus dem Leben Jesu" (1949/50), „Das Gnadenbuch" (vermutlich 1950), „Karmatha" (1951), „Der Patriarch" (1952/53), „Als Mose starb" (1954), „Der Thisbiter" (1954) sowie „Und es ward hell" (1956). 1955 wurden erstmals im Urgemeinde-Verlag in Wiesbaden von Karl und Anny Veit „Die vier Marksteine", „Karmatha" und „Der Patriarch" gedruckt und im Verkauf der Öffentlichkeit zugänglich gemacht. Josef Brunnader wurde durch den Autor und ‚Lorberkenner‘ Victor Mohr auf die Schriften Wolfs aufmerksam gemacht. Von ihm erhielt er ihre Anschrift, worauf er sie brieflich kontaktierte. Wolfs erster Brief an Brunnader entstand dann im Juni 1957.

‚Sehr geehrter Herr Brunnader! Brief vom 24.06.1957‘ (vgl. Brunnader 1990, S. 23–24):

Dieser Brief ist die Reaktion Wolfs auf die erste Kontaktaufnahme seitens Brunnader. Karl und Anny Veit aus Wiesbaden waren bei diesem zu Besuch. Zu diesem Zeitpunkt war das Hauptwerk „UR-Ewigkeit in Raum und Zeit", bestehend aus 540 Schreibmaschinenseiten, lediglich als Abschrift erhältlich. Es galt als Rarität, auf eine solche zugreifen zu können, und die Erstellung war mit enormem Aufwand verbunden. Insbesondere Ida Haller, eine Schwester aus München, half dabei selbstlos. Abschriften wurden ausschließlich verliehen und Unberechtigten konnte eine Aushändigung auch verwehrt werden. So schreibt Wolf:

Da ich schon sehr viel trübe Erfahrungen in Geschwisterkreisen gemacht habe, wollen Sie sich bitte nicht wundern, auch nicht vom geistigen Standpunkt aus, wenn ich die Bitte ausspreche, das Werk getreu zu verwalten und Unberechtigten keine Abschriften zu erlauben. Glauben Sie mir ja, lieber Freund Brunnader, daß diese meine Bitte nichts mit Weltsinn zu tun hat (ebd., S. 23).

Brunnader betont jedoch, er wolle mit seiner Bitte um eine Abschrift nicht gegen den Willen des Vaters handeln. Wolf beruhigt ihn:

Keine Bitte, sofern sie nicht rein materieller Art ist, kann den Vater betrüben... Im kindlichen Vertrauen sich an unsern heiligen UR-Vater gewendet, und wir dürfen gewißlich sein, daß Er unsern Pfad auf Seiner Bahn erhält (ebd., S. 24)!

Bis das Werk frei erhältlich sei, müsse er sich etwas gedulden; spätestens im August werde es ihm zugesandt.

‚Lieber Geistesfreund Josef Brunnader! Brief vom 17.7.1957‘ (vgl. Brunnader 1990, S. 25–26):

Bereits am 28. Juni antwortet Brunnader und Wolf kann seine „leise Anfrage" gut verstehen. Sie unterscheidet zwischen geistiger Arbeit und der umfangreichen Korrespondenz, so dass es ihr manchmal an Zeit mangele:

Manche Freunde (Freundinnen) natürlich die von der geistigen Ebene, möchten gern schnelle Antwort haben, aber dann müßte ich die weitaus meiste Zeit mit Briefen ausfüllen und das geht nicht (ebd., S. 25).

Die freudige Nachricht bestehe jedoch darin, dass Ida Haller ihm umgehend ein Ausleihexemplar des Werkes „UR-Ewigkeit in Raum und Zeit" zusenden werde. Hinsichtlich der weiteren Werke bedürfe es jedoch noch der Geduld:

> Was die anderen noch nicht gedruckten Werke anbelangt, sind da leider auch z. Zt. nichts übrig, denn es sind schon viele Kreise, die sie haben wollen und seit ein paar Jahren auch von uns beiden, Ida Haller und mir durch Abschriftarbeiten, betreut werden (ebd.).

Für Wolf ist das ‚intuitive Schreiben' geistige Arbeit und eine ‚Gabe des Vaters', die gerne aufgenommen wird. Sie unterscheidet „geistige Nimmersatte" und „nur Wissen wollen" und kommt dabei zu der Erkenntnis, dass die Menschen nicht würdig sind:

> Aber würdig im Sinne des Wortes sind wir es auf der Ebene der Materie aus uns selbst praktisch nicht sondern Gott, unser Vater ‚von alters her', wie Ihn Jesaja nennt, hat uns würdig gemacht, alle Menschen nicht erst jene nach Christo, weil es vorher auch schon Kinder Gottes gab. (s. Hiob 1. Kapitel) (ebd., S. 26).

,Meine lieben Geistesfreunde, Josef und Eleonore! Brief vom 16.10.1957' (vgl. Brunnader 1990, S. 28–30):

Der 29-jährige Brunnader erhält innerhalb von vier Monaten den dritten Brief von Anita Wolf. Charakteristisch für ‚Neuoffenbarungs'-Freunde hat auch er immer noch Heilsfragen. Dennoch bezeichnet Wolf ihn und seine Frau als „geistig weit fortgeschritten". Ganz besonders freue es sie, dass „beide das Urwerk so gut und tief erfasst haben". Sie hätten die „ewige Sprache erkannt und aufgenommen". Seine Frage betrifft Gethsemane und Golgatha und zielt auf die in ‚Neuoffenbarungs'-Kreisen häufig behandelte und unterschiedlich beurteilte Thematik, inwieweit Sadhana durch den Fall zum Luzifer wurde und mit dem Tod Jesu Christi bereits umgekehrt ist. Lob für das Bemühen, die Möglichkeit, geistige Fragen stellen zu dürfen, auf die Antworten mit überzeugender Argumentationsweise gegeben wurden, hatten zur Folge, dass das Ehepaar Brunnader künftig bereit war, für Wolf alles nur Erdenkliche zu tun. Aus dem Brief wird ersichtlich, dass ein Umzug von Hannover nach Weiz/Österreich bereits 1957 angeboten wurde. Erst im September 1965 fand dann jedoch die Übersiedlung nach Weiz statt; Wolf wehrte diesen Vorschlag 1957 zunächst einmal ab. Aufgrund ihrer geringen Rente und ihrer daraus resultierenden völligen Mittellosigkeit in Österreich glaubte sie nicht, dass dies Gottes Wille sei, da sie sich in dieser Hinsicht von ihm bisher wunderbar geführt gefühlt hatte. Dennoch war das Ehepaar Brunnader weiterhin bereit „eine Tat zu tun und zwar ganz", nämlich Wolf zu sich nach Weiz zu holen, damit diese dort weiterhin ihrer ‚geistigen Arbeit' nachkommen könne.

‚Mein lieber Bruder Josef Brunnader und Schwester Eleonore! Brief vom 30.10.1957' (vgl. Brunnader 1990, S. 31):

Dieser Brief zeichnet sich, obwohl „die Zeit [...] ein bißchen [drängt]", durch gute Argumentationsweise aus. Bei der Beurteilung muss auch berücksichtigt werden, dass Wolf ihre Texte direkt mit der Schreibmaschine verfasste und sie nicht in ein Korrekturen ermöglichendes Computerprogramm. Mittlerweile redeten Brunnader und Wolf sich mit freundschaftlichem ‚Du' an. Brunnader schrieb neben Gedichten auch Briefe an den Naturwissenschaftler Wilhelm Martin, der in Bietigheim den Titel „Sonne, Weltall, Materie – in revolutionärer Sicht" verlegte und sich bereits seit vierzig Jahren mit dem Werk Jakob Lorbers beschäftigte. Wolf teilt Brunnader mit, sein Brief an Martin sei „gut gehalten" und es interessiere sie, was „Freund Martin und Bietigheim antworten". Hier wird die Differenz zwischen dem ihr ‚gegebenen Werk' und der Stadt Bietigheim offensichtlich, da sie betont, die dortigen Verantwortlichen wollten dieses „totschweigen". Am Vortag des – von Wolf jedoch nicht erwähnten – Reformationstages vergleicht sie ihre Situation mit der Martin Luthers. Dabei unterscheidet sie zwischen „mundtot" und „was der HERR zu sagen hat". Zugleich übt sie Kritik an in Bietigheim stattfindenden Vorträgen zum Thema Liebe, denen es an geistiger Vernunft mangele. Sie spricht ihnen die „heilige Gabe Gottes" ab. Denn gerade das „Totschweigen wollen" sei eine „sehr große Sünde gegen die Liebe des 2. Grundgebotes". Anschließend führt sie in ihrer Argumentationsweise den Propheten Mose an, der mit Gott sprach, und vermittelt ihr Gerichtsverständnis anhand von dessen Frage: „Habt denn <u>ihr</u> ein Recht gehabt, Mir in Mein Wort und in Meinen Arm zu fallen?" Sie beteuert, unbesorgt zu sein, und bezweifelt, dass die anderen bestehen werden. Dank ihrer „geistigen Vernunft" scheint sie sich geradezu außerhalb des Gerichts stehend zu fühlen und erklärt anschließend ein Problem des ‚freien Willens'. Es wirkt, als gebe es bei ihr lediglich Probleme und Fragen, die sie in der persönlichen Begegnung noch besser ausführen könne.

‚Mein lieber Bruder Josef und Eleonora, Brief vom 8. XII 1957'
(vgl. Brunnader 1990, S. 33–34):

Bedingt durch eine Fußverletzung lag Wolf im Krankenhaus und schrieb per Hand in deutscher Schreibschrift. Erneut kommt sie darauf zu sprechen, das Werk „UR-Ewigkeit in Raum und Zeit" nicht erweitert ausleihen zu wollen, da sie ihre jahrzehntelange

Erfahrung habe: Zuerst gebe man sich begeistert und nach einiger Zeit erscheine ein eigenes Werk, dessen Grundinhalt, wenn auch in reichlich veränderter Form, ‚entnommen' sei. Sie denke über die Vervielfältigung durch das ‚Matritzenverfahren' nach, was aber unbedingt noch besprochen werden müsse. Es gebe Vor- aber auch Nachteile, so dass sie nichts überstürzen wolle. Im Auge und Herzen wolle sie es behalten und erbittet den Segen des himmlischen Vaters dazu.

‚Meine lieben guten Freunde von der Steiermark! Brief vom 29.12.1957' (vgl. Brunnader 1990, S. 35–36):

Am 21. Dezember wurde Wolf aus dem Krankenhaus entlassen. Da sie aber den Fuß noch schonen und hochlegen musste, ist auch dieser Brief handschriftlich verfasst. Darin erklärt Wolf den Sinn des Symbols der Krippe: Gott habe sich in höchster Erbarmung für das gefallene Kind und dessen Mitgefallene wie für alle Mitopferträger zum Kind gebären lassen. Dennoch sei er „immer Gott, der Schöpfer der UR-Heilige, Priester, Vater und Erlöser, die ‚Vollkommenheit'". Ihre beste Mitarbeiterin Ida Haller sei am 10. Dezember „nach kurzer schwerer Krankheit für diese Welt entschlafen". Sie habe ihr bei den „Abschriftarbeiten in fleißiger selbstloser Weise geholfen". Beide Frauen hätten sich auf die für Juni geplante Reise zu den Freunden in die Steiermark gefreut. „Wollen wir warten, wie es der Vater führt. Seine Gnade bleibt uns ja ganz gewiß!"

‚Meine Lieben guten Freunde in der Steiermark! Brief vom 9.1.1958' (vgl. Brunnader 1990, S. 37–38):

Wolfs sehnlichster Wunsch, dass es allmählich auch mit der ‚geistigen Arbeit' wieder vorwärts gehe, ging zunehmend in Erfüllung, so dass dieser Brief wieder mit der Schreibmaschine erstellt ist. Die unvergessene Schwester Ida Haller sei selig abberufen und schon melde sich Schwester Maria Hiber aus Huber-Dachau bei München, um die angefangenen Texte fertig zu schreiben. Des Weiteren habe eine Schwester aus Berlin sie angeschrieben, die zum Druck eines weiteren Werkes fünf- bis sechshundert Mark spenden wolle. So habe ihr der Vater gezeigt, „daß Er noch ganz andere Wege hat". Neben der ‚geistigen Arbeit' und der Korrespondenz – in den zwei letzten Dezemberwochen kamen bspw. über siebzig Postsachen an –tätigte sie also auch das Abschreiben. Auch in diesem Brief formuliert sie erneut die Bitte „alles nur auszuleihen und wenn wir, was ich doch hoffe, in diesem Jahr persönlich kennen lernen, werde ich Euch meine Gründe sagen und Ihr werdet sie verstehen".

‚Meine lieben Geschwister, Josef und Eleonore! Brief vom 15.2.1958' (vgl. Brunnader 1990, S. 39–40):

Hier kristallisiert sich heraus, weshalb Wolf immer wieder auf das ausschließliche Ausleihen der Werke hinweist:

> Nur hätte ich der Uebersicht wegen gern, daß die Werke alle in Eurer Hand bleiben und immer nur zum Lesen ausgeliehen werden, sonst weiß ich am Ende nicht mehr, wo überall alles liegt. Das werdet ihr verstehen und billigen, nicht wahr? So auch mit evtl. Abschriften: Schreibt es, soweit es Euch möglich ist, ruhig für Euch ab, mit ein paar Durchschlägen zum Verleihen. Ida Haller machte es in München auch so und nur die einzelnen Städtekreise erhielten je ein Exemplar (ebd., S. 39).

Sie beabsichtige, ihr Werk zwecks Betreuung einem Kreis treuer Menschen zu übergeben, denn „[e]s ist Gottes heiliges Gut, und als solches soll es bewahrt und weitergegeben werden". Sie stellt Brunnader die besondere Frage, ob auch er zum ‚Betreuer-Rat' gehören wolle. „Es werden 5 Brüder u. 2 Schwester sein, notfalls unter Vorsitz eines achten". Von den persönlichen Verwandten werde nur ihr jüngerer Bruder Ernst Wolf (1905–1983) dazu gehören, weil er sich als einziger aus der Familie zu diesem Werk bekenne. Sie werde die nötige formelle Klausel durch Bruder Anton Engelmann in München sachgemäß nach ihrem Entwurf bearbeiten und notfalls notariell beglaubigen lassen. Hier kam ihr wohl auch ihre Tätigkeit als stellvertretende Urkundenbeamtin im Amtsgericht Greiz (1939–1942) zugute. Nur auf diese Weise könne das Werk geschützt werden „[u]nd wir haben von Gott genügend Vernunft bekommen, um das Unsere dazu beizutragen, alles kostbare Gut zu erhalten". Sie ist überzeugt, dass ihr Werk eine Offenbarung ist, denn der Schluss des Briefes lautet: „Und damit reichen wir uns ganz fest die Hände für alles geistige Werk und für den Weg und für Gottes Liebe und Seine Offenbarung".

‚Meine lieben guten Geschwister! Brief vom 12.5.1958' (vgl. Brunnader 1990, S. 40):

Dieser kurze Brief beinhaltet die Durchführung der beabsichtigten Reise über Linz und Graz zum Weizer Hauptbahnhof. Da die anschließenden Stationen Bodensee und Stuttgart bereits feststanden, konnte Wolf nicht drei Wochen in Weiz verweilen. Ihr Vorschlag eines Vortragsthemas sei noch unbeantwortet und sie bitte, dies per Postkarte noch nachzuholen. Freund Viktor Mohr wolle im Februar das Werk einmal lesen, was sie nur begrüßt habe. Nun habe sie von ihm einen Brief erhalten. Mohr veröffentlichte unter dem Pseudonym M. Kahir in Bietigheim 1957 den Titel „Nahe an 2000 Jahre – Gegenwart und Zukunft in prophetischer Schau", in dessen Literaturnachweis auch die U. G.-Hefte, die Schriftreihe des Urgemeinde-Verlags in Wiesebaden, aufgeführt sind, Anita Wolf jedoch nicht wie Swedenborg und Lorber ein eigenes Kapitel gewidmet ist. 1960 erschien dann Mohrs Buch „Das verlorene Wort – Mystik und Magie der Sprache", in dem er in der Aufstellung der verwendeten Literatur auf „Die vier Marksteine" aus dem Urgemeinde-Verlag hinweist. Schließlich veröffentlichte Mohr um 1965 in Bietigheim die Buchreihe „Das Weltbild des Geistes".

Alle Stationen auf ihrer Reise miteinander zu vereinbaren, ist für Wolf nicht ganz unkompliziert. „Aber ich denke, wie bisher, so auch dieses Jahr! Zu was haben wir den unsere Engel? unsere freundlichen Helfen und Betreuer?!"

„Meine lieben guten Freunde alle miteinander! Brief vom 22.6.1958' (vgl. Brunnader 1990, S. 43–44):

Hierbei handelt es sich erneut um einen handgeschriebenen Brief, aus dem nicht hervorgeht, weshalb Wolf ihn nicht wie gewohnt mit Schreibmaschine verfasste. Demzufolge nahm ihre Reise etwa den Zeitraum zwischen dem 29. Mai und dem 22. Juni in Anspruch. Hier kommt sie auf einen ‚äußeren' Abschied zu sprechen. Ihre Trennung sei der „wirkliche Gradmesser innerer Verbundenheit". So heißt es:

> Im Himmel, im REICH, gibt es keine Trennung, auch wenn wir bei ‚Arbeitseinsatz' unseren Vater u. Geschwister ab und zu nicht sehen! Das kann sich – wenn auch nur symbolisch – schon auf

Erden spiegeln. Denn: ‚Wer mag uns zu scheiden von der Liebe Gottes, die in Christo Jesu ist?' fragte Paulus. Das ist der Trost des Lichtes (ebd., S. 43)!

Sie hofft, dass es von nun an in Weiz und Graz richtig vorwärts gehe:

Hoffentlich wachen alle N. O. Freunde endgültig auf. Die verschiedenen ‚Kundgaben' sind zum großen Teil verheerend u. die menschliche Unbeschreiblichkeit, fein getrennt mit dem Wort Liebe (ohne Tat) kann kaum größere Ausmaß erlangen als bereits geschehen (ebd.).

Deshalb formuliert sie ihre Bitte, dass ihre guten Geschwister

in der wahren Demut u. Ehrfurcht vor dem HERRN bleiben; denn nur so werden wir IHN wirklich lieben! Der angedachte Betreuer-Rat zur Wahrung des Werks hat schon sein festes Fundament u. wird in wenigen Wochen unter Dach und Fach sein. Dagegen war die Unterredung mit unsern Geschwister-Rat ein kleines Fiasko (ebd., S. 44),

da sie nun UFOs hervorhoben. Wolf schreibt weiter, der Leiter des LR Engelmann wolle „nicht in Wiesbaden drucken lassen". Der Herausgeber Karl L. Veit, der bereits 1955 im Urgemeinde-Verlag Wiesbaden die Schriftenreihe „Karmatha" verlegte, gründete 1956 den Ventla-Verlag Wiesbaden, in dem UFO-Literatur sowie die Zeitschrift „Ufo-Nachrichten" erschienen.

‚Meine lieben guten Freunde! Brief vom 20.12.1958' (vgl. Brunnader 1990, S. 45):

Da sie vom ‚Steiermärker Weihnachtsmann' Post erhalten habe, handele es sich hier lediglich um ein aus vollem Herzen formuliertes ‚Dankeschön'. Ein umfangreicherer Brief werde erst im neuen Jahr folgen. Ihr inniger Briefschluss lautet:

> Nun, eines habt Ihr ja auch von mir, wie ich von Euch: wir haben gegenseitig unsere Liebe und Freundschaft und Herzen und sind einmütig geeint in UR's liebewarmen Vaterherzen! In diesem Sinne sende ich Euch liebe und innige Grüße und verbleibe mit Dank und Freude immer Eure Anita (ebd.).

‚Meine liebe Eleonore, Brief vom 6.9.1958' (vgl. Brunnader 1990, S. 47):

Es handelt sich hier um die Ergänzung zu einer bereits versendeten Gratulationskarte. Von dem Lied ‚Bis hierher hat mich Gott gebracht' zitiert Wolf die Strophen zwei und drei mit Erklärungen zur Dichterin Ämilie Juliane Gräfin zu Schwarzburg-Rudolstadt, geb. 1637 auf der Heidecksburg bei Rudolstadt. Zum Schluss schreibt sie:

> Nun werden wir uns mit URs Hilfe bald sehen und wir wollen Ihm danken, daß Er uns immer so treulich führt. Dir und Deinem lieben Haus Rustane sowie allen lieben Weizern einen herzlichen ‚Heroldsgruß' (weißt Du, was das ist?), von Deiner und Eurer Anita (ebd.).

‚Meine lieben, guten, Eleonore und Joseph! Brief vom 12.11.1960' (vgl. Brunnader 1990, S. 48–49):

Wolf bedankt sich für das Gedenken ihres 60. Geburtstags. Außerordentlich habe sie sich gefreut über das Buch „Briefe Jakob Lorbers". Hier wird deutlich, dass ihre gesamte Lorber-Bibliothek sich noch immer im Osten befand. Den Großteil aller Lorberwerke hatte sie von Maria und Joseph Huber erhalten, da diese sie doppelt besaßen. Ein beabsichtigter Besuch in Weiz mit dem Abreisedatum 23. November stehe an, müsse jedoch – wie auch immer geartet – von Berlin genehmigt werden, denn sie schreibt, „wenn Berlin nicht böse dazwischenfunkt". Täglich liest Wolf noch immer in der AZB ihrer Mutter.

> Mein Tagesspruch (ich ziehe mir zu Hause täglich einen aus Mama's alter Ziehbibel) zum 8.11. lautete: ‚Mein Herz ist bereit, Gott, mein Herz ist bereit, daß ich singe und lobe!' Gelt, ein schöner Spruch und war wie für den Tag geschaffen!
> Alles, was zum Besprechen anfällt, können wir uns also – mit unsers allheilig guten UR-Vaters Hilfe – hoffentlich auf ‚Bald' aufheben u. bedarf es keiner langen Briefe mehr, nicht wahr? Sollte Berlin dazwischenfahren, würde ich dann immer noch alles Wichtige Euch schreiben (ebd., S. 48).

Auch auf die lieben Kinder freue sie sich sehr und sie schließt den Brief mit den Worten:

> Dem lieben Brunnader-Haus herzlichste Grüße, sowie allen meinen dortigen guten Freunden, und auch Euch beiden Lieben, Eleonore und Joseph samt Erika und Ingrid, und so verbleibe ich wie immer in treuer Verbundenheit Eure Anita (ebd., S. 49).

b) Einschätzung

Anfänge

Die vorliegenden Briefe Anita Wolfs ermöglichen Einblicke in zwei Anfänge: Dem der Entwicklung einer lebenslangen Freundschaft zwischen Wolf und Brunnader, die beide die ‚Neuoffenbarung' von Jakob Lorber kannten und schätzen, sowie dem der Verbreitung von Wolfs Werk.

Kontext

Zum besseren Verständnis der vorliegenden Briefe ist es notwendig, sich den Schaffensstand Wolfs im Jahre 1957 zu vergegenwärtigen. Sie schrieb bereits 1949/50 ihr Hauptwerk „UR-Ewigkeit in Raum und Zeit" über die Anfänge der geistigen Schöpfung weit vor Erschaffung der Erde. Es folgte zunächst, vermutlich 1950, die Entschlüsselung des einzigen prophetischen Buchs des Neuen Testaments, der Offenbarung des Johannes, im Werk „Das Gnadenbuch" sowie anschließend, im Januar 1954, im Werk „Als Mose starb" die Auseinandersetzung mit dem Mann, dem Gott im ersten Buch der Bibel am Sinai die Gesetze offenbart. Im April 1954 entstand dann das Werk „Der Thisbiter" über den gegen den Baalskult kämpfenden von Gott erweckten Propheten Elia. Als nächstes schrieb Wolf 1949/50 „Die vier Marksteine aus dem Leben Jesu", bestehend aus den Teilbänden „Die Geburt" „Gethsemane/Golgatha" und „Gericht als Barmherzigkeit Gottes". Das gesamte Werk wurde 1955 im Urgemeinde-Verlag von Veit gedruckt. In schriftlicher Beschäftigung mit der geistigen Schulung im Jenseits des einstigen ‚Schreibknechts Gottes' Jakob Lorber entstand 1951 das Werk „Karmatha", das 1955 ebenfalls im Urgemeinde-Verlag gedruckt wurde. Erneut im gleichen Verlag wurde 1956 das bereits 1952/53 entstandene Werk „Der Patriarch", in dem das Leben Abrahams als Vaters des Glaubens und der Hoffnung geschildert wird, gedruckt. Im Werk „Und es ward hell" von 1956 schließlich geht es um den Propheten Jesaja.

Interpretation

Die bis 1957 entstandenen Werke vermitteln den Verlauf der Entwicklung des geistigen Hintergrunds Wolfs, so dass sich beim vertieften und chronologischen Lesen mit der Zeit eine Neigung herausbilden kann, die vertretenen Ansichten unbewusst zu übernehmen: In Mose habe sich der Urerzengel Uraniel, der Träger der göttlichen Ordnung, inkarniert; in Abraham sei der Urerzengel Muriel inkarniert, als Träger des göttlichen Ernstes; im Propheten Jesaja sei als Träger der göttlichen Weisheit der Urerzengel Zuriel inkarniert. Des Weiteren wird die geistige Schöpfung im Hauptwerk erklärt, dann die Offenbarung des Johannes entschlüsselt, das Leben Jesu in seiner Tiefe offenbart und schließlich vermittelt, Jakob Lorber sei in seiner Vorexistenz Karmatha gewesen. Die ‚Empfangende' Anita Wolf sowie die Lesenden erhalten damit gegenüber der materiellen Schöpfung eine völlig neue Sichtweise bezüglich des Geistigen. Unweigerlich wird gnostisches Gedankengut in die Bibel hineininterpretiert und dessen Vermittlung als Glaube erachtet. Ohne Hilfe der stets vermiedenen Ecclesia ist eine Lösung dieser Problematik kaum möglich.

Wahrheitssucher

Der Begründer des Verlages in Bietigheim Christoph Friedrich Landbeck (1840–1921) bezeichnete sich selbst als Wahrheitssucher und auch Josef Brunnader muss sich als solcher empfunden haben, da er am 16. Oktober 1957 einen Text mit der Überschrift ‚Liebe Wahrheitssucher!' schrieb (vgl. Brunnader 1990, S. 27). Obwohl Wolf bereits seit Januar 1952 Vorträge hielt, kam er erst 1956 dank Viktor Mohr mit ihrem Werk in Berührung, was dazu führte, dass er sie am 7. Juni 1957 anschrieb. Brunnader mag es als große Ehre empfunden haben, dass für ihn nicht nur die Rarität einer Abschrift ihres Hauptwerkes in Aussicht stand, sondern er sogar mit Anita Wolf selbst in brieflicher Korrespondenz stehen durfte. Aus der ehemaligen stellvertretenden Urkundenbeamtin war eine Trägerin des Konzepts des 'intuitiven Schreibens' geworden und er, ein einfacher Schlosser, kannte jetzt nicht nur ihr Werk, sondern hatte außerdem direkten Briefkontakt zu ihr.

Führung

Es erschien als göttliche Führung, dass nun eine lebenslange Freundschaft entstand sowie dass sich Möglichkeiten zum Druck des Werkes fanden. Die Briefe spiegeln mit einer stets zuvorkommenden Freundlichkeit die im Werk und der Werksverbreitung begründete Freundschaft wider. Wolfs Fähigkeit des 'intuitiven Schreibens' wirkte zusammen mit ihrer Begabung zum religiösen, logischen Denken, einer begeisterten Vorstellungskraft sowie einer überzeugenden Argumentationsweise, aber auch mit einem Gespür für das Taktieren. Denn sie muss in 'Neuoffenbarungs'-Kreisen schon früh Widerspruch erfahren haben, so dass sie immer wieder auf das ausschließliche Verleihen ihrer Werke bestand. Ihre Überheblichkeit zeigt sich, wenn sie den Vortragenden in Bietigheim vorwirft, dass es ihnen an „geistiger Vernunft mangelt" (Brunnader 1990, S. 31). Zugleich bittet sie aber auch die Geschwister, in der „wahren Demut und Ehrfurcht vor dem HERRN" (Brunnader 1990, S. 44) zu bleiben. Hier stellt sich die Frage, weshalb sie sich trotz dieser Demut bezüglich einer Klärung nicht ihrer evangelisch-lutherischen Kirche anvertraut hat. Meines Erachtens ist es wahrscheinlich, dass sie sich von der ihrer Ansicht nach göttlichen Führung, der sie unterlag, bewusst davon abgehalten fühlte. Denn der Wille ihrer Führung scheint mir keineswegs identisch mit dem Willen des biblischen Vaters Jesus Christus. In der Bibel wird das Reich Gottes gegründet, indem Jesus das Volk im Freien sowie die Schriftgelehrten in den Synagogen öffentlich lehrt. Dabei ehrt, lobt und preist er stets den Namen Gottes und offenbart mit seinen Wundern und Worten dessen Herrlichkeit. Vor Himmelfahrt offenbart er den Willen des Vaters, alle Völker zu lehren, was Jesus die Seinen gelehrt und ihnen befohlen habe. Bis auf den heutigen Tag wird in der Ecclesia das Evangelium öffentlich verkündet und bewirkt durch den Heiligen Geist sein Name immer wieder erhöht. Die Briefe Wolfs spiegeln dagegen lediglich wider, welcher Führung sie zu unterliegen glaubte.

3. „UR – Das wahre Ziel"

Anita Wolf hatte bis zur Gründung der VTG in Weiz/Steiermark im Jahre 1961 bereits neun Werke verfasst. Die Aufgabe der VTG besteht darin, das Offenbarungswerk Wolfs zu betreuen, drucken zu lassen und an Interessierte kostenfrei abzugeben. Das Organ der Vereinigung erschien erstmals 1967, als inzwischen drei weitere Werke Wolfs entstanden waren. Das kostenfreie Blatt trägt den Titel „UR – Das wahre Ziel" und bis 2019 erschienen bereits 46 Ausgaben. Die ersten zehn im Zeitraum von 1967 bis 1985 erschienenen Hefte trugen zusätzlich den Untertitel „Freies geistwissenschaftliches Mitteilungsblatt". Es sollte zunächst in zwangloser Folge möglichst zweimal im Jahr erscheinen.

Der erste Beitrag ist unterzeichnet von ‚J. B.'. Gemäß Impressum ist für den Inhalt Josef Brunnader verantwortlich, bei dem sowie dessen Ehefrau Eleonore Wolf seit ihrer Übersiedlung von Hannover nach Weiz im September 1965 wohnte. Dem Beitrag zufolge handele die Treuhandgruppe dem ‚inneren Ruf' gehorchend, ähnlich wie einst Martin Luther, als er in Worms zu seinen Widersachern gesagt habe ‚Hier bin ich, so denke ich, ich kann nicht anders – Gott helfe mir!' (vgl. UR Heft 1 1967, S. 3). Im Jahre 1521 musste der 37-jährige Bibelprofessor Martin Luther, der weiterhin die Kutte des Augustinerordens trug, vor Kaiser Karl V. sowie dem versammelten Wormser Reichstag erscheinen und seine Lehre rechtfertigen. Er schloss seine Rede am zweiten Tag mit der berühmten Aussage,

> uberwunden durch die schriften, so von mir gefurt (die von ihm zitierten Bibelstellen, H.Sch.) und gefangen im gewissen an dem wort gottes, derhalben ich nicht mag noch will widerrufen, weil wider das gewissen zu handeln beschwerlich, unheilsam und ferlich ist. Gott helf mir! Amen (zitiert nach Schilling 2014, S. 222)

bzw. in der modernisierten Sprachfassung:

> So bin ich durch die von mir angeführten Schriftworte bezwungen (im Sinne: kann meine Meinung nicht ändern, H.Schl). Und so lange mein Gewissen durch die Worte Gottes gefangen ist, kann und will ich nichts widerrufen, weil es unsicher ist und die Seligkeit bedroht, etwas gegen das Gewissen zu tun. Gott helf mir. Amen (ebd.).

So versuchen die Freunde der VTG eine historische Verbundenheit zum Reformator zum Ausdruck zu bringen, obwohl die von ihnen zitierte Erweiterung der Aussage Luthers nachträglich ohne dessen Zutun geschah. In der weiteren Analyse der ersten zehn Ausgaben wird sich zeigen, inwieweit das Postulieren einer solchen Verbindung gerechtfertigt ist.

a) Erlösung

Bereits am 18. August 1952 schrieb Wolf in Hannover eine Auslegung, die schließlich 1967 in der ersten Ausgabe von „UR – Das wahre Ziel" veröffentlicht wurde.

Christliche Größe zeigen Gläubige darin, dass sie sich über andere Christen freuen, auf Eintracht bei aller Vielfalt bedacht sind, Stärkung statt Zweifel säen und zur ewigen Anbetung anstatt zur steten Kritik an der Heiligen Dreieinigkeit ermutigen. Das Zentrale der Guten Botschaft ist die Sündenvergebung und ebendiese wird bei Wolf lediglich am Rande im Kontext der ‚Selbsterlösung‘ erwähnt (vgl. UR Heft 1 1967, S. 9). Stattdessen finden sich dort weitgehend negative Darstellungen von Christen sowie gnostische Annahmen. Wolf versteht, mit diesen exzellent zu argumentieren wie in den folgenden Beispielen ersichtlich wird:

„Nicht wenige Christen nehmen an, daß sie die Erlösung unbedingt erhalten, wenn sie an Christus glauben" (ebd., S. 8). Mit diesem ersten Satz beginnt Wolf ihre Auslegungen. Im Nicänum bekennen Christen die ‚eine Taufe zur Vergebung der Sünden‘, mit der die Erlösung von Teufel, Sünde und Tod vollzogen wird. Statt Bestätigung des christlichen Bekenntnisses findet sich bei Wolf jedoch ein zweifelnder Auftakt.

„Die heutigentags viel gelehrte ‚Selbsterlösung‘ widerspricht jenem hocherhabenen UR-Liebe-Opfer und dem für die Materie nachgesetzten Kreuz-Not-Opfer" (ebd., S. 9). Anstatt sich mit dem Nicänum auseinanderzusetzen, kommt Wolf auf die Lehre der ‚Selbsterlösung‘ zu sprechen. Somit weicht sie dem zentralen christlichen Glaubensverständnis aus und stellt ihre erste gnostische Annahme vom „hocherhabenen UR-Liebe-Opfer" (ebd.) dar. Hiermit wird deutlich, dass sie alles von der geistigen Schöpfung und deren Fall ausgehend zu begründen weiß.

„Natürlich ist es ein Gewinn, bald und tief in die Erlösung einzudringen, nicht bloß ein Oberflächenchrist zu sein, oder einer mit Irrungen, denen man so breiten Raum gegeben hat" (ebd., S. 11). Christen bekennen gemäß Nicänum, dass Jesus ‚gekreuzigt unter Pontius Pilatus' wurde, während Wolf diesbezüglich schreibt, es handele sich um ein „für die Materie nachgesetzte[s] Kreuz-Not-Opfer" (ebd., S. 9). Damit interpretiert sie gnostische Annahmen in die Bibel hinein, die Grenzen einer klassischen Bibelauslegung überschreitend. Des Weiteren ist Wolfs gesamte Intention als suspekt zu bewerten, denn sie beabsichtigt, anhand von Bibelstellen nachzuweisen, dass es die Erlösung bereits im Alten Testament gegeben hat. Gewiss ist Gott auch hier bereits barmherzig und erbarmt sich dem stets sündigen Volk Israel durch Sündenvergebung und schenkt ihm damit Erlösung. Jedoch werden hier, anstatt zuzulassen, dass sich jede Christin und jeder Christ über die unverdient zuteilgewordene erbarmende Erlösung freut, Zweifel hinsichtlich eines potentiell falschen Verständnisses der Erlösung mangels Erkenntnissen gesät.

Christen werden bei UR weitgehend negativ wertend erwähnt, wie neben den bereits angeführten auch die folgenden Beispiele verdeutlichen:

Man kennt Christen nur ab Christus, die Erlösung nur ab Golgatha und zwängt GOTT in einen zeitlichen Begriff hinein (ebd., S. 8).
Leider haben sich die Christen sehr verflacht; man ist genügsam in Erkenntnis (S. 9).
Das ‚Wir Menschen' hat seine Fänge ausgelegt; und manche Christen sind darin verstrickt, weil sie aus dem Christentum kein letztwilliges Glaubenstum erweckten (ebd., S. 9).
Wie weit die Erlösung in die Zeiten rückwärts reicht, erhellt der erste Bibelteil, dessen Zeit nicht wenige Christen als von der Erlösung ausgeschlossen halten (ebd., S. 12).
Wenn man, dem Wunderbaren neuer Offenbarung folgend, anerkennt, dass die Stilisierung einer Trinitätsdogmatik unhaltbar geworden ist, dann muss die hohe Straße eingeschlagen werden,

oder die gesamte Christenheit kommt nie zur Einigung nach GOTTES LEHRE (ebd., S. 15)!
Erst wenn alle Christen zur hehren EIN-GOTT-Lehre zurückgefunden haben, zu dem GLAUBEN, der aus GOTT allein selig macht, wird man alle wunden Punkte merken (ebd., S. 16).

Das Zitieren von insgesamt ca. 28 biblischen Schriftstellen ohne Berücksichtigung des Kontextes ist keinesfalls wissenschaftlich und somit in der zu den Geisteswissenschaften zählenden Theologie vollkommen unüblich. Ein „Freies geistwissenschaftliches Mitteilungsblatt" mag zwar darauf hinweisen, UR stehe über der Theologie und Wolf habe sich dieser obersten Autorität UR unterworfen und hielt ihr Verhalten dementsprechend für Demut. Ebenso wenig ist es jedoch als wissenschaftlich zu bewerten, dass Wolf gnostisches Gedankengut in biblische Schriftstellen hineininterpretiert.

Bei ihrer Auslegung der Erlösung bleibt die Freude gänzlich aus. Diese Geborgenheit in Gottes Liebe vermittelt stattdessen folgende Strophe von Cyriakus Schneegaß aus dem Jahre 1598:

Wenn wir dich haben, kann uns nicht schaden Teufel, Welt, Sünd oder Tod; du hast's in Händen, kannst alles wenden, wie nur heißen mag die Not. Drum wir dich ehren, dein Lob vermehren mit hellem Schalle, freuen uns alle zu dieser Stunde. Halleluja. Wir jubilieren und triumphieren, lieben und loben deine Macht dort droben mit Herz und Munde. Halleluja (EG 398,2).

Das Zentrale der Frohen Botschaft ist, wie bereits erörtert, die Sündenvergebung, die Wolf lediglich am Rande beim Thema ‚Selbsterlösung' erwähnt (vgl. UR Heft 1 1967, S. 9). Ihre gnostische Annahme bezüglich des UR-Liebe-Opfers in der geistigen Schöpfung hat zur Folge, dass Wolf lediglich von einem ‚Kreuz-

Not-Opfer' für die Materie spricht (vgl. ebd.). Sie lehrt, dass es keine Trinität gibt, weshalb auch nicht die Heilige Dreifaltigkeit, sondern UR das wahre Ziel sei (vgl. ebd., S. 16).

b) Der Plan Gottes und die Reinkarnation

Wolf hielt in Graz 1967 einen Vortrag über den Plan Gottes und die Reinkarnation, der im Mitteilungsblatt Nr. 6 im Jahre 1979 veröffentlicht wurde (vgl. UR Heft 6 1979). Von einem derartigen göttlichen Plan hinsichtlich der Frage, wie aus Geschöpfen Kinder werden, ist in der Bibel nichts offenbart, wohl aber von der Erfüllung der messianischen Verheißung.

Was ein Bote Gottes verkündet, werten Menschen als authentisch und ihre erste Reaktion ist Furcht, anstatt eines routinierten Umgangs mit den Belehrungen. Der Engel Gabriel verkündet der Jungfrau Maria, was der Prophet Jesaja über den Heilsplan Gottes und den verheißenen Messias geweissagt hat (vgl. Lk 1,31–33 und Jes 7,14 sowie 9,6). Damit beginnt die Erfüllung der Verheißung, auf die Israel jahrhundertelang gewartet hat. Somit können die Menschen getrost sein, dass Gott stets einhält, was er zugesagt hat, damit ihr Vertrauen in ihn immer mehr wachsen möge.

Auch Maria kennt die Verheißungen bezüglich des Messias, so dass sie Gott als ihren Retter jubelnd preist (vgl. Lk 1,47 und Jes 4,3). Der Lobgesang der Maria (Magnificat) wird von gläubigen Christen auch heute noch bspw. in der Weihnachtszeit gebetet (vgl. EG 769), als Lobgesang (vgl. EG 310) oder in der Liturgie gesungen (vgl. EG 588). Damit bestärkt er die Christenheit in ihrem Glauben an Gott.

Simeon lebt als frommer Jude im Tempel und hat vom Geist die Gewissheit erhalten, noch mit eigenen Augen den von Gott versprochenen Retter zu sehen. Als die Eltern das Kind in den Tempel bringen, erfüllt sich diese Verheißung Gottes (vgl. Lk 2,29–32 und Jes 52,10, 42,6, 49,6 sowie 46,13). Der Lobgesang des Simeon (‚Nunc Dimittis') wird ebenfalls heute noch gebetet (vgl. EG 770). Wenn auch die Gläubigen den Heiland nicht sehen können wie Simeon, so möge durch dessen Lobgesang ihr Vertrauen in ihn gestärkt werden.

Jesus kommt in seine Heimatstadt Nazareth und geht am Sabbat in die Synagoge. Dort erhält er das Buch Jesaja und dank dem Geist Gottes schlägt er gerade die Stelle auf, an der es heißt

> Der Geist des Herrn ist auf mir, weil er mich gesalbt hat und gesandt, zu verkündigen das Evangelium den Armen, zu predigen den Gefangenen, dass sie frei sein sollen, und den Blinden, dass sie sehen sollen und die Zerschlagenen zu entlassen in die Freiheit und zu verkündigen das Gnadenjahr des Herrn (Jes 61,1–2).

Nachdem er sich gesetzt hat, blicken alle auf ihn und er spricht: „Heute ist dieses Wort der Schrift erfüllt vor euren Augen" (Lk 4,16–21). Schon hier bekennt Jesus sich also als der verheißene Messias und als sie ihn aufgrund dessen den Berg hinabstürzen wollen, geht er mitten durch sie hinweg. Bereits an dieser Stelle ist für Christen seine majestätische Herrlichkeit wahrnehmbar.

Johannes der Täufer weist den Landesfürsten Herodes aufgrund seiner bösen Taten zurecht, weshalb er ins Gefängnis kommt. Er ist mit der ‚Niedrigkeit' des Messias nicht einverstanden, da dieser nicht als Richtender auftritt. Deshalb lässt er ihm die Frage übermitteln, ob er es sei oder sie auf einen anderen warten sollten. Zu dieser Zeit heilt Jesus gerade viele Menschen von Krankheiten, Plagen und bösen Geistern und schenkt vielen Blinden das Augenlicht. Deshalb spricht er: „Geht und verkündet Johannes was ihr gesehen und gehört habt: Blinde sehen, Lahme gehen, Aussätzige werden rein, Taube hören, Tote stehen auf, Armen wird das Evangelium verkündet; und selig ist, wer sich nicht an mir ärgert" (Lk 7,18–23 und Jes 29,18 sowie 26,19). Mit Erfüllung der messianischen Weissagung des Propheten Jesaja erhält Johannes ein Zeichen und zugleich eine helfende Antwort auf seine aufrichtige Frage. Diese Antwort des Herrn soll auch heutigen Christen im wartenden Vertrauen hilfreich sein.

Die dreifache Ankündigung seines Leidens und der Auferstehung hören Jesu Jünger zwar, verstehen sie aber keineswegs. Kurz vor seiner Kreuzigung weist er nochmals auf die Erfüllung des Schriftwortes hin, er werde zu den Übeltätern gerechnet werden (vgl. Lk 22,37 und Jes 53,12). Genau so geschieht es, als er gemeinsam mit zwei Verbrechern hingerichtet wird. Der allein ohne Sünde ist, der Gerechte, wird an der sündigen Menschheit statt den Ungerechten geopfert, damit sie durch ihn frei im Gericht sind, wo sich die Niedrigkeit des Messias für alle in die unvergängliche majestätische Herrlichkeit des Herrn wandeln wird. Die Hinweise der Schrifterfüllung gibt er für die Menschen, damit jeder zu einer Entscheidung bezüglich des verheißenen Messias findet.

Wolfs geschickte Argumentationsweise, untermauert mit Bibelzitaten sowie bekräftigt durch solche Jakob Lorbers, kann insbesondere Freunde der ‚Neuoffenbarungen' beeindrucken. Meines Erachtens wirkt es, als habe sich Wolf in ihrem Gewissen durch den Geist UR gefangen genommen gefühlt und deshalb stets aus dessen Sichtweise argumentiert. Demgegenüber fühlte sich Luther in seinem Gewissen vom Wort Gottes gefangen und konnte dem selbst vor dem Reichstag zu Worms nicht widersprechen, solange ihn niemand auf Grundlage der Heiligen Schrift überzeugte und überführte. Auch heute steht des Menschen Seligkeit auf dem Spiel, wenn er einer Ansicht gegen sein Gewissen zustimmt. So scheinen die Gegenüberstellung von materieller Schöpfung und Geistschöpfung (vgl. Karmatha 1955, S. 8), Sadhanas Überheblichkeit mit der Folge des Falls (vgl. ebd., S. 12), die Rede von Lichtkindgeistern anstatt Kindern Gottes (vgl. S. 10), Geistfunken (vgl. S. 11), sieben Engelsfürsten (vgl. ebd., S. 12) sowie Heimkehrkindern und Heimfindkindern (vgl. ebd., S. 17) als eher suspekte Annahmen, keinesfalls jedoch als eine Offenbarung und somit auch keinesfalls als dem Geist im Wort Gottes, der Bibel, ebenbürtig zu beurteilen zu sein. Die Erfüllung des göttlichen Heilsplans von dem prophetischen Messias ist mit Jesus Christus eingetreten, wohingegen Wolfs Plan der Gottheit von den Geschöpfen lediglich Fiktion bleibt. Dennoch scheint sie das Bedürfnis gehabt zu haben, alle belehren zu müssen, sowohl die allgemeine Christenheit als auch die Kirchen (vgl. ebd., S. 8), obwohl sie gehäuft Bibelzitate bzw. Hinweise ohne Berücksichtigung des Kontextes zur Argumentation nutzt, was in der Geisteswissenschaft keinesfalls übliches Vorgehen ist. Somit scheinen die durch sie vermittelten Annahmen suspekt, da sie nicht kompatibel mit dem Inhalt des christlichen Glaubens sind.

c) „Gott – heute. Zum Nachdenken"

Im Jahre 1980 erschien Heft 7 des freien geistwissenschaftlichen Mitteilungsblatts „UR – Das wahre Ziel", in dem Brunnaders Abhandlung „Gott – heute. Zum Nachdenken" veröffentlicht wurde (vgl. UR Heft 7 1980).

Nun sei das UR-Geheimnis offenbart, das bis dahin noch nie erkannt worden sei (vgl. UR Heft 7 1980, S. 11), wie es auch das Geheimnis des Glaubens seit Jahrhunderten gibt. Die Überlieferung des Glaubens ist bedeutend, der Glaube der Väter sakral und gläubige Christen bekennen sich zur heiligen Dreieinigkeit. Im christlichen Glaubensbekenntnis, anhand dessen es immer Neues zu lernen gibt, ist alles Wesentliche zusammengefasst. Es ist hilfreich, über eine solche Richtschnur des Glaubens zu verfügen, da diese es ermöglicht, umso gelassener auf andere Anschauungen zu reagieren. Angesichts der religiösen Vielfalt ist ein eigener Standpunkt von elementarer Bedeutung. Profan-Religiöses hat sich dabei am Sakralen zu messen, nicht jedoch umgekehrt.

Es existieren zahlreiche wissenschaftliche Darstellungen zum christlichen Glauben. Dabei ist die Dogmatik nicht pauschal abzulehnen oder ausschließlich negativ zu bewerten und Christen müssen sie auch nicht fürchten, denn sie sät keinesfalls ausschließlich Zweifel, sondern ist glaubensstärkend. Im Glaubensbekenntnis ist die Christologie auf einzigartige Weise zusammengefasst: Es kommt nicht auf religiöse Vorstellungen, sondern auf Christus an. Stete profane Belehrungen machen keinesfalls das Christentum aus. Die Lehre des Glaubens ist wichtig, ebenso wie deren Lehrer, doch die Unterscheidung ist nur in der Gemeinschaft zu erleben, die außerdem zur Feier des Heiligen Abendmahls, in der der Tod des Herrn verkündigt wird bis er kommt (vgl. 1 Kor 11,26), führt. Hier erfahren die Gläubigen wie sonst nirgends die Nähe und Gemeinschaft mit Christus. Die von alters her in der christlichen Kirche gesungene Abendmahlsliturgie fasst im ‚Geheimnis des Glaubens' die Christologie prägnant in einem Satz zusammen: „Deinen Tod, o Herr, verkünden wir, und deine Auferstehung preisen wir, bis du kommst in Herrlichkeit"

(EG 189). Christus ist offenbart im Fleisch, geglaubt in der Welt und aufgenommen in die Herrlichkeit (vgl. 1 Tim 3,16). Dieses Sakrale bildet den Maßstab für profane Belehrungen und macht das Geheimnis des Glaubens aus. Zu dieser Auffassung kommen Christen nicht aus eigener Kraft oder Vernunft, sondern dies bewirkt der Heilige Geist in ihnen. Wie gemäß Nicänum der Sohn ‚eines Wesens mit dem Vater ist', so der Heilige Geist, ‚der aus dem Vater und dem Sohn hervorgeht'. Ebenso zur kirchlichen Vielfalt gehört das gesungene Credo (vgl. EG 183 und 184), das den Gläubigen das Geheimnis des Glaubens auf eine andere Art näherbringt sowie zur Anbetung dient. Dieses Geheimnis kann lediglich immer wieder neu betend ergründet, aber keinesfalls rational verstanden werden. Je mehr der Mensch meint, mit Gewissheit alles erklären zu können, desto ferner steht er dem Geheimnis des Glaubens.

Insbesondere der zweite Teil der Abhandlung Brunnaders spiegelt die Frucht seines jahrelangen Umgangs mit Wolfs ‚Offenbarungen' wider. Es geht ihm darum, die „sehr eingefleischten Irrtümer der Christenheit" (UR Heft 7, S. 10) wie „auch mancher Neuoffenbarungskreise" (ebd.) aufzuzeigen und die „Verirrungen näher zu beleuchten" (ebd.). Den Auftakt der insgesamt sieben Verirrungen bilde das Verlassen der ‚Eingottlehre', indem auf dem Konzil zu Nicäa die ‚Trinität konstruiert' worden sei, die man weder damals noch heute verstanden habe (vgl. ebd., S. 10). Stattdessen kommt Brunnader auf seine gegenwärtige Epoche zu sprechen, in der „vielmehr Heiliggeistigeres gegeben" (ebd., S. 11) werde, wie bspw. das ‚UR-Geheimnis' um das, bevor es überhaupt die Materie gegeben habe, entstandene Schöpfungskind Sadhana (vgl. ebd.). Mit dem Verwerfen des Sakralen, der heiligen Dreieinigkeit, des Geheimnisses des Glaubens träten profane Ansichten und Lehren auf, die dank des offenbarten UR-Geheimnisses als weitere Verirrungen wie folgt benannt werden:

Die ewige Verdammnis (ebd., S. 11);
Nur auf dieser Welt könnte man ein echtes Gotteskind werden (ebd., S. 12);
Es wird geglaubt, wir brauchten nicht anderes als die Liebe (ebd., S. 13);
Die Meinung, erst mit Jesu Opfertod hätte die Erlösung eingesetzt, muß belichtet werden (ebd.);
Annahme, die menschliche Seele würde erst auf Erden aus dem Mineral-, Pflanzen- und Tierreich gebildet, darf als Irrtum bezeichnet werden (ebd., S. 13–14);
Gott sendet in allen Zeiten Seine Seher und Propheten zur Erde (ebd., S. 14).

Geisteswissenschaftliche Abhandlungen werden Dogmatikern zur Prüfung und damit zur Diskussion gestellt, anstatt ihnen „freundlich an[zu]raten[,] hier nicht weiter zu lesen[,] sie würden sich zu sehr am Gesagten stoßen" (ebd., S. 10).

Mit seiner Vorgehensweise wird Brunnader so keinesfalls dem an eine geisteswissenschaftliche Abhandlung gestellten Anspruch gerecht, wohl aber wird deutlich, dass er ein treuer Verwalter und Anhänger von Wolfs gnostischer Lehre ist.

d) „Mein Reich ist nicht von dieser Welt" (Joh. 18,36)

Ein weiterer Beitrag Brunnaders erschien 1981 in Heft 8 der Schriftenreihe „UR – Das wahre Ziel". Mit der Überschrift „Mein Reich ist nicht von dieser Welt" wollte der Autor wohl darauf hinweisen, dass Gottes Reich ein geistiges und damit ewiges Reich ist, das bereits lange vor der materiellen Schöpfung bestand (vgl. UR Heft 8 1981).

Neben dem im Titel zum Ausdruck gebrachten Bekenntnis ist in diesem Kontext auch die zweite Bitte im Vaterunser, ‚Dein Reich komme‘, zu erörtern. Jesus lehrt die Jünger in der Bergpredigt das Vaterunser, im Gottesdienst rufen die Gläubigen gemeinsam den himmlischen Vater an und beten es, so wie viele Christen es täglich still zu Hause tun, Luther erklärt es 1529 im kleinen Katechismus (vgl. EG 855,3) und legt es 1539 im Lied ‚Vater unser im Himmelreich‘ (EG 344) aus. Jesus predigt das Reich Gottes, gründet es und neginnt, es zu bauen, hin zum ewigen Leben. Trotzdem lehrt er die Bitte ‚Dein Reich komme‘. Obwohl dieses bereits angebrochen ist, soll es dennoch immer mehr verwirklicht werden. Es kommt oft im Stillen und ist für Außenstehende nicht sofort sichtbar. Im Katechismus ist bei der zweiten Bitte zu lesen:

> Dein Reich komme. Was ist das? Gottes Reich kommt auch ohne unser Gebet von selbst, aber wir bitten in diesem Gebet, daß es auch zu uns komme. Wie geschieht das? Wenn der himmlische Vater uns seinen Heiligen Geist gibt, daß wir seinem heiligen Wort durch seine Gnade glauben und danach leben, hier zeitlich und dort ewiglich (EG 855,3).

Hier wird die Auffassung deutlich, dass die Menschen dem Wort Gottes nur glauben können, wenn er ihnen seinen Heiligen Geist gibt. Dieses Geschenk steht Gläubigen offen, ist nicht auf einzelne beschränkt. Obwohl der Sieg Jesu auf Golgatha vollbracht ist, weiß der Seelsorger um die Anfechtungen durch Satan. So wird der Aspekt im Lied bei der zweiten Bitte berücksichtigt:

> Es komm dein Reich zu dieser Zeit und dort hernach in Ewigkeit. Der Heilig Geist uns wohne bei mit seinen Gaben mancherlei; des Satans Zorn und groß Gewalt zerbrich, vor ihm dein Kirch erhalt (EG 344,3).

Mit vermeintlich gutem Willen lässt sich nichts gegen Satans Zorn und seine Gewalt ausrichten. Die Gebetsform wird im ganzen Lied wie auch bereits in der zitierten Strophe deutlich, d. h. wer sie „singt und hört, belehrt nicht nur und wird belehrt, sondern steht bittend vor Gott" (Evang/Seibt 2014, S. 56). Während des Verhörs vor Pilatus wird Jesus die Frage gestellt, was er getan habe. Seine Antwort ‚Mein Reich ist nicht von dieser Welt', die einem Bekenntnis gleicht, erinnert wie auch das Nicänum mit der Aussage ‚Er sitzt zur Rechten des Gottes, des allmächtigen Vaters' daran, dass sein gegründetes Königreich nie untergehen kann und wird. Somit verweist der Autor durch die Überschrift seiner Abhandlung auf das Verhör Jesu vor Pilatus, ohne jedoch im Beitrag darauf einzugehen. Vielmehr gleicht dieser einerseits einer Anklage der christlichen Kirche, wenn Brunnader bspw. schreibt:

Die gesamte Bibel offenbart ausnahmslos die reine EINGOTT-LEHRE! Man hat zum Schaden dieser Wahrheit und des reinen Glaubens 325 n. Chr. die Drei-Personen-Gott-Lehre (Trinität) eingeführt sowie die Lehre von der ewigen Verdammnis usw. Diese entschieden falschen Lehren wurden durch weltliche Beschlüsse in die Machtkirche, in die verschiedenen Logen, Orden, Sekten aufgenommen' (Brunnader 1981, S. 4).

Andererseits ähnelt der Text aber auch einem Plädoyer für Wolfs Lehre:

Die herrlichen GOTTESOFFENBARUNGEN, welche wir durch A. W. erhalten, stimmen ebenfalls klar und genau mit den Grundwahrheiten der Bibel überein. Warum will man so etwas Fundamentales nicht anerkennen? Man hat eben manche Menschenlehren und Satzungen aufgestellt. Selbst Goethe hat treffend erkannt und gesagt: ‚Einer neuen Wahrheit ist nichts schädlicher als ein alter Irrtum!' (ebd., S. 5).

In der Bibel klagen die ‚unfreien' Hohnpriester und Pilatus den Gefangenen an, der darauf als einzig Freier ‚Mein Reich ist nicht von dieser Welt' erwidert. Das Aneinanderreihen biblischer Worte ohne Berücksichtigung des Kontextes in Wendungen wie ‚Liebe Lichtfreunde' oder ‚Herzliche Lichtgrüße' zeugen von nicht den Anforderungen der Geisteswissenschaft entsprechender Vorgehensweise. Der Beitrag gleicht gemäß seiner Überschrift einem Verhör: Hier scheint der Autor der Anwalt für die ‚Gottesoffenbarung' Wolfs zu sein. Im biblischen Gericht Gottes erscheint dagegen für die Menschheit der Anwalt Jesus Christus, wodurch die Menschen um seines Namens willen frei sind.

e) „Die Wahrheit wird euch freimachen!" (Joh. 8,32)

Im freien geistwissenschaftlichen Mitteilungsblatt Nr. 9 erschien im Jahr 1982 unter dem Titel „Die Wahrheit wird euch freimachen!" erneut ein Beitrag Brunnaders. Sowohl die Überschrift als auch der vorangestellten Leitsatz (Joh 8,7) stammen aus dem Johannesevangelium.

Die Begebenheit auf dem Laubhüttenfest, aus der die Überschrift entnommen ist, macht die Verbundenheit Jesu mit seinem himmlischen Vater deutlich. Wenn die Gläubigen durch sein Wort an dieser festhalten, werden sie die Wirklichkeit Gottes in Jesus erkennen, die das Johannesevangelium als Wahrheit bezeichnet. In den Gesprächen betont Jesus, dass ihn der Vater gesandt hat. Obwohl er nicht studiert hat, lehrt er öffentlich im Tempel und sagt, seine Lehre stamme nicht von ihm, sondern von dem, der ihn gesandt habe (vgl. Joh 7,16). Dabei argumentiert er aus der Schrift, wobei er die Heuchelei der Pharisäer offenbart. Er bekräftigt seine Lehre mit Zeichen wie der Heilung am Sabbat, worauf er den Zorn der Pharisäer auf sich zieht. Seine Argumentation zielt darauf ab, dass diese den Vater nicht kennen. Denn er sei nicht von sich aus gekommen, sondern von dem, der wahrhaftig ist, gesandt worden (vgl. Joh 7,28). Nur Gott, sein Vater, sei die Wahrheit, weshalb er den Ausdruck ‚wahrhaftig‘ verwendet. Hier sagt er also den Schriftgelehrten auf den Kopf zu, dass sie den Vater nicht kennen. Damit jedoch nicht genug, er behauptet außerdem, er hingegen kenne ihn und sei von ihm gesandt (vgl. Joh 7,29). Das ist zu viel Auflehnung für die Schriftgelehrten, so dass sie Jesus ergreifen wollen, da jedoch seine Stunde noch nicht gekommen ist, legt niemand Hand an ihn. Eine Selbstverständlichkeit ist für seine Gegner ein Unverständnis. Jeder Gesandte kommt mit einem Auftrag oder einer Botschaft und geht anschließend wieder zu dem, der ihn gesandt hat, so auch Jesus. Dementsprechend werden sie ihn dann vergeblich suchen, denn wo er hingeht, können sie ihm nicht folgen. Deshalb sagt er, dass er noch kurze Zeit bei ihnen sein und dann zu dem gehen werde, der ihn gesandt habe (vgl. Joh 7,33). Dieser Vorgang wird bei Johannes als Verherrlichung bezeichnet. Denn erst Pfingsten hat Jesus den Geist all denen verheißen, die an ihn glauben. Wer von dem Heilswasser trinkt, wird nimmermehr dürsten. Seine Aussage „Ich bin das Licht der Welt. Wer mir nachfolgt, der wird nicht wandeln in der Finsternis, sondern wird das Licht des Lebens haben" (Joh 8,12) hat Gültigkeit, da zwei Zeugen sie bekräftigen, so dass es sich dabei nicht um ein reines Selbstzeugnis handelt. Denn er ist nicht allein, sondern er selbst und sein Vater, der ihn gesandt hat, bezeugen dies (vgl. Joh 8,16). Ausschließlich Jesus ist ‚von oben‘, wohingegen alle Menschen ‚von unten‘, d. h. von der Welt, sind. Erneut spricht er von seiner anstehenden Erhöhung, seinem Sterben, und formuliert somit die Einleitung seiner anschließenden ruhmreichen Verherrlichung. Er konkretisiert des Weiteren das aufgrund der Tatsache, dass sie ihm an den Ort, an den er geht, nicht folgen können, vergebliche Suchen nach ihm. Sie würden in ihren Sünden sterben, wenn sie nicht an ihn glaubten, und er hätte viel über sie zu sagen und zu richten, doch er rede zur Welt ausschließlich das, was er von dem, der ihn gesandt habe und wahrhaftig sei, gehört habe (vgl. Joh 8,26).

Das Verständnis von Wahrheit im Johannesevangelium bezieht sich auf Jesus Christus, der Gott ist. Somit kann allein Gott die Wahrheit sein. Er, der Vater, sendet seinen Sohn und der verheißene Paraklet, Helfer und Fürsprecher der Menschen vor Gott ist in der Gemeinde Christi gegenwärtig und möchte jeden zum Glauben erwecken sowie führen.

Losgelöst vom Kontext wird hier aber vielmehr die „hochgeistige Gottes-Offenbarung durch A. W." (Brunnader 1982, S. 3) als Wahrheit verstanden und zur Argumentation genutzt. So bringt bspw. Jesu Kreuz-Notopfer Sadhana zur Umkehr, was den Kernpunkt, den ,heiligen Primat' der Erlösung darstelle (vgl. ebd., S. 5). Dies ist biblisch nicht belegbar (vgl. Joh 8,31), genügt somit nicht geisteswissenschaftlichem Anspruch. Allein Jesus befreit die Menschen von Schuld und Sünden, nicht jedoch die „herrlichen Lichtoffenbarungen" (Brunnader 1982, S. 4). An dieser Wahrheit gilt es für Christen, im Glauben festzuhalten, was nur der verheißene Heilige Geist bewirken kann. Wie in der Bibel die Juden die Erinnerung an ihre Versklavung in Ägypten verdrängten, wenn sie behaupteten, niemals jemandem als Sklaven gedient zu haben, so verdrängt Wolf den Glauben an die Sündenvergebung durch Jesus Christus, indem sie durch die Gebundenheit ihres ,intuitiven Schreibens' eine gnostische Deutung von der Erlösung der Menschheit von den Sünden vermittelt.

f) Brief an den Kirchenrat Kurt Hutten

Brunnader schrieb 1975 einen Brief an Kurt Hutten (1901–1979), von dem er 1985 einen Auszug in Heft 10 der Reihe „UR – Das wahre Ziel" veröffentlichte. Vorangestellt ist diesem ein Abschnitt über Anita Wolf aus Huttens Buch „Seher, Grübler, Enthusiasten. Das Buch der traditionellen Sekten und religiösen Sondergemeinschaften der Gegenwart". Bevor Hutten auf Wolfs Hauptwerk „UR-Ewigkeit in Raum und Zeit" eingeht, thematisiert er einen eher unbekannten Aspekt ihrer Jugend:

> Kurz vor dem Ersten Weltkrieg verfiel sie in einen ‚drei Tagelang währenden Tiefschlaf ohne jede körperliche Funktion'. Was in dieser Zeit seelisch geschah, ist ihr auch später nicht bewußt geworden. 1927/28 empfing sie jedenfalls eine erste größere Kundgabe (Hutten 1997, S. 638).

Bei Lektüre von Huttens Ausführungen bezüglich Anita Wolf im gesamten Kapitel wird deutlich, inwieweit es sich hier um eine positive und sachliche Einstellung gemäß Brunnader handelt. Das Kapitel ist überschrieben mit ‚Die Geheimnisse hinter dem Vorhang'. Darin werden u. a. verschiedene ‚Neuoffenbarungen' dargestellt und unter mehreren weiteren Empfängern des ‚Inneren Wortes' ist Anita Wolf aufgeführt. In der Einleitung werden zahlreiche Widersprüche zwischen den Botschaften aus der ‚höheren Welt' herausgestellt, weshalb hier Vorsicht geboten sei: Man verschreibe sich diesen Lehren nicht mit Haut und Haaren, sondern prüfe sie sehr kritisch – auch und vor allem dann, wenn sie auf ihre göttliche Herkunft pochen und höchste Autorität für sich beanspruchen. Als Prüfmaßstab möge u. a. die Frage dienen, ob sie in ihren Aussagen über den christlichen Glauben das Schriftzeugnis von Christus nicht verändern oder verdunkeln, sondern es in die

Mitte ihrer Urteile und Weltentwürfe stellen (vgl. Hutten 1997, S. 560). Mit dieser kritischen Haltung kann Hutten letztlich die unter den Anhängern der ‚Neuoffenbarungen' postulierte Geltung des Hauptwerks als eine Art Himmelsbibel zur Ergänzung der Erdenbibel nicht teilen und resümiert, eine nahtlose Ergänzung sei es freilich nicht (vgl. Hutten 1997, S. 646).

Um Huttens Verständnis von Reformationskirchen und evangelischem Sektentum nachzuvollziehen, ist auf sein 1957 erschienenes weiteres Werk „Die Glaubenswelt des Sektierers. Das Sektentum als antireformatorische Konfession – sein Anspruch und seine Tragödie" hinzuweisen. Trotz aller Unterschiede zwischen den Reformationskirchen haben diese doch eine gemeinsame Antwort auf die Heilsfrage ‚Wie kriege ich einen gnädigen Gott?' gefunden. Dabei weisen sie jede Mitwirkung des Menschen von Werken sowie jede Heilsvermittlung der Kirchen durch ihre Priester zurück. Die Einheit besteht in der Antwort: Es gibt das Heil nur als eine Möglichkeit Gottes, ‚Sola Gratia'. Damit ist der Kern der reformatorischen Botschaft benannt. Das Heil ist Gottes alleinige Veranstaltung (vgl. Hutten 1957, S. 29). Dies widerspricht der menschlichen Grundhaltung, nach der der Mensch alles in seinem Leben, am liebsten mit möglichst geringem Risiko, eigenständig gestalten möchte, denn dies ist in allen Lebensbereichen möglich, außer dem für gläubige Christen Wichtigsten, dem des Heilswegs. Dort gibt es neben dem blind vertrauenden Glauben an Christus keine weitere Sicherheit. Dies bedeutet Trost und Ärgernis zugleich. Das Tröstliche ist, dass das Heil unabhängig vom menschlichen Auf und Ab bestehen bleibt. Das Ärgernis jedoch ist, dass der Mensch in keiner Art und Weise das Heil fördern kann. Die göttliche Gnade kann er sich nicht verdienen, da Gott unabhängig von der Menschheit das Heil gewirkt hat. Der

Urtrieb des Menschen nach aktiver Heilssicherung bleibt somit unbefriedigt, weshalb sich das evangelische Sektentum herausbildete. Somit bedient es ein elementares Seelenbedürfnis und ist deshalb nicht leichtfertig als religiöse Entartung zu verurteilen. Der Punkt also, an dem die sektiererische Antithetik einsetzt, ist die zentrale Botschaft der Reformation: die Rechtfertigung ‚Sola Gratia, sola Fide‘, gestützt auf das Zeugnis der Schrift, ‚Sola Scriptura‘ (vgl. Hutten 1957, S. 32). An dieser Stelle ist es unerlässlich, darauf hinzuweisen, dass die Grenzen zwischen Kirche und Sektengemeinschaft nicht starr, sondern fließend sind. Auf den Heilsweg ‚Sola Gratia‘ gilt es sich immer wieder auszurichten. Dies schützt einerseits die Kirchen vor zu großer Selbstsicherheit und ermöglicht andererseits den Sektengemeinschaften die Rückkehr zur Rechtfertigung ‚Sola Gratia‘.

Brunnader erachtet die Vermittlung von ‚Offenbarungen der Gegenwart‘ als einmalig hohe Gnadengabe Gottes (vgl. Brunnader 1985, S. 26). Damit wird dem ‚aufrichtigen Wahrheitssucher‘ die Ungewissheit genommen. Mit dem Aneignen dieser ‚Gnadengaben‘ kann der Mensch am göttlichen Heil mitwirken, was ohne diese Offenbarungen unmöglich ist. Dies hat jedoch gravierende Auswirkungen. Nach reformatorischer Lehre ist die Gnade ein Werk des souveränen Gottes, das jedem menschlichen Zugriff entzogen ist. Wer einen solchen Zugriff versucht, tastet Gott selbst an und sucht ihn sich zu unterwerfen. Hier geschieht, wenn auch in sublimen und frommen Formen, ein Eingriff in eine Sphäre, die nach christlicher Auffassung Gott allein vorbehalten ist. Dieser Eingriff bedeutet eine Empörung des Geschöpfs Mensch gegen die Majestät Gottes (vgl. Hutten 1957, S. 49).

Von Gott ist den Menschen im Vaterunser die erste Bitte hinterlassen, die begründet ist im zweiten Gebot: Gegenüber Mose bezeichnet sich Gott selbst als ‚Ich werde sein, der ich sein werde‘ (vgl. 2. Mose 3,14). Der Name Gottes ist gläubigen Juden so heilig, dass er in der hebräischen Bibel mit den vier Konsonanten JHWH (Tetragramm) umschrieben wird. Seit dem 1. Jh. n. Chr. vermeiden sie das Aussprechen des Namens Jahwe und lesen stattdessen Adonai (hebräisch für ‚mein Herr‘). Gemäß der Offenbarung des Johannes singt die christliche Gemeinde ein Triumphlied über den Sieg Gottes. Dem Sieger Jesus werden hier göttliche Attribute, d. h. Begriffe wie ‚treu‘ und ‚wahrhaftig‘ aus dem Alten Bund zugeschrieben (vgl. Offb 19,11). Mit dem ‚Halleluja‘ kommt die Gemeinde der Heiligung seines Namens nach. Brunnader zufolge sei jedoch ‚UR‘ der allumfassende Name des vollkommenen, allmächtigen Schöpfers nach Offenbarung des Johannes 19,12 (vgl. UR Heft 10 1985, S. 26). In der angeführten Schriftstelle ist zu lesen, dass niemandem sein Name bekannt ist außer ihm selbst und sein Name lautet: Das Wort Gottes. In jedem Gottesdienst findet die Doxologie der Heiligen Dreifaltigkeit statt. Vor dem Kreuz zerfallen alle Selbstgerechtigkeit und Rechthaberei, so dass die Gläubigen in ihren vermeintlichen Feinden ihre Geschwister erkennen. Somit gilt es für sie, sich immer wieder aufs Neue dem göttlichen Wort zu unterstellen, denn dieses steht über der Kirche und stellt die Majestät Gottes dar, da die begnadigten Sünder aus dem ‚Sola Gratia‘ leben.

4. „Ein Jahrgang durch Gottes Wort"

Zunächst ist es bemerkenswert, dass Wolf noch als Achtzigjährige ihr erstes ‚eigenes‘ Buch schrieb. Jahrhundertelang galten die Bibel und das Gesangbuch als eine Einheit, was u. a. in den Losungen der Herrnhuter Brüdergemeine seit dem Jahr 1730 zum Ausdruck kommt. An diese angelehnt ist Wolfs „Jahrgang durch Gottes Wort". Da sie jedoch das Kirchenjahr unberücksichtigt lässt, wird ihr Rhythmus des Jahres dem Leben Jesu Christi nicht gerecht. In Anlehnung an das Apostolikum werden im Kirchenjahr u. a. folgende christozentrisch ausgerichtete Feste und Zeiten gefeiert:

- Advent - empfangen durch den Heiligen Geist;
- Weihnachten – geboren von der Jungfrau Maria;
- Passion – gekreuzigt, gestorben und begraben;
- Ostern – am dritten Tage auferstanden von den Toten;
- Himmelfahrt – aufgefahren in den Himmel;
- Pfingsten – ich glaube an den Heiligen Geist

(vgl. Kothmann 2017, S. 15).

In Wolfs „Jahrgang" findet sich für fast jeden Tag ein biblischer Vers, eine Liedstrophe, ein Abschnitt aus ihrem Werk sowie verbindende Worte und ein freies Gebet. Auch verwendet sie Verse aus der AZB ihrer Mutter. „Ein Jahrgang durch Gottes Wort" ist wie das Hauptwerk „UR-Ewigkeit in Raum und Zeit", „Gedichte" und Franziska Hummels „Aus der Königsquelle. Symbolische Begleitbilder zu UR-Ewigkeit in Raum und Zeit und anderen Werken von Anita Wolf" gebunden und mit goldenen Buchstaben auf blauem Buchdeckel versehen. Die biblischen Verse dienen stets dem Danken, Loben und Mahnen. Wie in Wolfs Vorträgen werden sie dazu verwendet, ihre Werke in sie hineinzuinterpretieren. Der Kontext bleibt dementsprechend stets unberücksichtigt und somit führen sie keineswegs zu einem tieferen Bibelverständnis. Sie beginnen mit dem ersten Buch Mose und enden mit der Offenbarung des Johannes. Davon abgesehen scheint die Auswahl willkürlich und lässt keinen roten Faden erkennen. Immer wieder dankt Wolf für Nacht, Morgen und den neuen Tag sowie für das Wort und die Offenbarungen, zu denen sie auch ihr Werk zählt. Die Gebetsanreden sind variationsreich auch an Vater UR gerichtet, wobei die Anrede ‚Vater unser im Himmel‘ gänzlich fehlt. Eine derartige Zusammenstellung vermittelt zunächst den Eindruck, alles sei auf dem gleichen geistigen Boden begründet. Erst bei kritischer Reflektion stellt sich die Frage, ob Bibel, Lieder und Wolfs Werk wirklich eine Einheit bilden und Letzteres, wie im Titel zum Ausdruck gebracht, als Gottes Wort bezeichnet werden kann. Denn Wolf lässt den Grundsatz ‚Sola Scriptura‘, allein die Schrift, unberücksichtigt, indem sie für ihr Werk den gleichen Stellenwert beansprucht. Mit dem „Jahrgang“ unternimmt sie neben den Vorträgen einen letzten Versuch, zu beweisen, dass es sich bei ihrer Lehre um eine göttliche Offenbarung handelt. Der wesentliche Unterschied besteht jedoch in der Tatsache, dass allein der verheißene Heilige Geist die Christenheit an Jesus glauben lässt. Abgesehen von wenigen Bibelversen und Liedstrophen vermeidet Wolf die Begriffe ‚Christus‘ oder ‚Jesus Christus‘ und auch das Feiern des Sonntags in der Ecclesia bleibt bei ihr unerwähnt. Bei allen christlichen Festen wird die Gemeinschaft benötigt und gerade in diese will Wolf ihre Leserschaft nicht führen. Als einziges christliches Fest bleibt im „Jahrgang“ Weihnachten erkennbar. Doch weder die vorangehende besinnliche Adventszeit noch das freudenvolle Epiphaniasfest zum Ende der Weihnachtszeit finden Erwähnung. Die häufige Namensnennung UR und die gnostischen Belehrungen verdrängen den Grund der in Christus Jesus gekommenen ewigen Freude. Lediglich ein Weihnachtslied (EG 41,1) findet Erwähnung (vgl. Jahrgang o. J., S. 268), jedoch kein einziges Lied zu Epiphanias. Dies zeigt die Freudlosigkeit der Liederauswahl bezüglich der Weihnachtszeit. Stattdessen ist im Abschnitt zum November (vgl. ebd., S. 220, 238 und 247) die eigentümliche Bezeichnung ‚Gloria in Jubilate' zu lesen. Der Jubelgesang der Engel mit dem Refrain „Gloria in excelsis Deo" (EG 54) oder der kanonische Lobruf ‚Jubilate' (vgl. EG 181,7) wären, obwohl beide keinesfalls miteinander harmonieren, für die Weihnachtszeit geeigneter gewesen. Da dem ‚Gloria in Jubilate' bei Wolf kein entsprechendes Lied folgt, kann hierdurch weder tragende Freude noch Jubel dauerhaft vermittelt werden. In der evangelisch-lutherischen Kirche, deren Mitglied Wolf Zeit ihres Lebens war, bilden anbetende Lobgesänge wie ‚Gloria Patri' oder ‚Gloria' einen festen Bestandteil der Liturgie. Auch trägt der dritte Sonntag nach Ostern den Namen ‚Jubilate'. So scheint in der geistigen Schöpfung alles wohlgeordnet. Wolf hält sich jedoch nicht an diese Ordnung der Gottesdienste sowie des Kirchenjahres und ihr Werk scheint somit keine sinngebende Einheit aufzuweisen. Ebenso originell ist Vater UR (vgl. Jahrgang o. J., S. 78, 80, 82, 88, 105, 107, 109, 120, 124, 126, 154, 162, 176, 187, 209, 212, 223, 241, 247, 262, 274 und 279), der nicht zur Erinnerung an das ‚Gloria Patri' dient, sondern vielmehr Zweifel an dessen Bedeutung aufkommen lässt. Gleiches gilt für Christ-Jesu-UR-Imanuel (vgl. ebd., S. 158), der das ‚Ich glaube an Jesus Christus' des Apostolikums gewissermaßen untergräbt. So erscheint es jedoch nur konsequent, dass Wolf die Erwähnung von Christus sowie dem Heiligen Geist vermeidet, denn da sie ihr Werk als eine Frucht des Heiligen Geistes sieht, muss dieser wohl ihrer Ansicht nach nicht zusätzlich verbal genannt werden. Innerhalb der Christenheit wird diesbezüglich jedoch eine grundsätzlich andere Meinung vertreten: Im Apostolikum bekennen Christen sich sowohl zu Jesus Christus als auch zum Heiligen Geist. Dies sollte neben ‚Sola Scriptura' das Richtmaß weiterer Offenbarungen bilden. Somit deutet aus christlicher Perspektive alles darauf hin, dass Wolfs Werk keinesfalls als eine Frucht des Heiligen Geistes zu bewerten ist, obwohl sie darin alles versucht, um durch Vermeidung der Erwähnung des Heiligen Geistes in Verbindung mit der steten Erhebung des Namens UR und der Vierwesenheit Schöpfer, Priester, Gott und Vater den Geist UR als solchen darzustellen. Wolfs Werke inklusive ihrer Gedichte und Gebete bilden eine Einheit, so dass kaum zu erkennen ist, was durch sie allein und was durch das ‚intuitives Schreiben' entstanden sein soll. Ihre sich über 32 Jahre erstreckende Auseinandersetzung mit dem Geist UR scheint den Verlust ihrer Kritikfähigkeit zur Folge gehabt zu haben.

a) Dichterinnen und Dichter

Die zahlreichen Liedverse sind lediglich mit Jahreszahlen oder dem Vermerk ‚altes Lied' versehen. Deshalb folgen hier in alphabetischer Reihenfolge die dazugehörigen Dichterinnen und Dichter, damit Interessierte diese Namen sowie das Jahr und somit auch die Umstände der Entstehung des jeweiligen Liedes erfahren. Auch die Leisen und Melodien tragen viel dazu bei, dass einige dieser Lieder noch heute mit Nutzen und Freude gesungen werden. Denn seit Jahrhunderten haben Lieder eine ermutigende und glaubensstärkende Kraft, die durch das Singen in der Gemeinschaft ihre größte Entfaltung findet. Da Wolf bei Zitaten aus ihren Werken keine Seitenzahlen angibt, kann diese niemand im Original und damit im Zusammenhang nachlesen. Dadurch, dass sie bei den Liedern lediglich die Hinweise ‚altes Lied', Jahreszahl und die Initialen ‚AW' angibt, entsteht der Eindruck einer Einheit. Unter den Namen der Dichterinnen und Dichter erscheinen hier deshalb die Angaben von Liedanfang (*kursiv*), Liednummer und Strophe im jeweiligen Buch (EG, evangelisch-lutherisches Kirchengesangbuch (ELKG), GEB oder katholisches Gebet- und Gesangbuch „Gotteslob" (GL)) sowie die Jahreszahl der Veröffentlichung. Weicht das Entstehungsjahr ab, findet es sich in Klammern davor. Zuletzt folgt die genaue Seitenangabe in Wolfs „Jahrgang" und schließlich, sofern diese abweichend ist, die dort genannte Jahreszahl (**fett**). Von den ca. 87 von Wolf angeführten Liedern sind 73 in den genannten Gesangbüchern nachweisbar, während die übrigen hier unberücksichtigt bleiben müssen. Fülle und Auswahl der Verse sind bemerkenswert. Das eine Achtzigjährige derartig viele Gesangbücher besaß, ist möglich; nicht auszuschließen ist aber, dass sie auch hier ‚intuitive Hilfe' erfahren hat.

Verzeichnis der Liederdichterinnen und -dichter:

ARNDT, Ernst Moritz (V) (1769–1860)
Ich weiß, woran ich glaube, EG 357,1, 1819. Jahrgang S. 161, **1628.**

BIRKEN (Betulius), Sigmund von (1626–1681)
Auf, auf, mein Herz, und du, mein ganzer Sinn, ELKG 457,1, 1663. Jahrgang S. 108, **1780.**

CLAUDIUS, Matthias (IV,2) (1740–1815)
Wir pflügen, und wir streuen, EG 508,3, 1783. (Jahrgang S. 113, **1800.**

ELBERFELD (1827)
König Jesu, streite, siege, ELKG 425,1, 1827. Jahrgang S. 132.

FLEMMING, Paul (III,1) (1609-1640)
In allen meinen Taten, EG 368,1, (1633) 1642. Jahrgang S. 19,
15. Jahrhundert.

FRANCK, Johann (III,1) (1618-1677)
Herr Jesu, Licht der Heiden, ELKG 113,1, 1674. Jahrgang S. 69,
1640.

GEDICKE, Lambert (1683-1735)
Wie Gott mich führt, ELKG 302,4, 1711. Jahrgang S. 253, **1524.**

GELLERT, Christian Fürchtegott (IV,2) (1715-1769)
Jesus lebt, mit ihm auch ich, EG 115,1+6, 1757. Jahrgang S. 171,
1653.
Jesus lebt, mit ihm auch ich, EG 115,4, 1757. Jahrgang S. 23,
1653.
Jesus lebt, mit ihm auch ich, EG 115,6, 1757. Jahrgang S. 60.

GERHARDT, Paul (III,1) (1607-1676)
Befiehl du deine Wege, EG 361,1, 1653. Jahrgang S. 122, **1730.**
Befiehl du deine Wege, EG 361,4, 1653. Jahrgang S. 124, **1730.**
Ich bin ein Gast auf Erden, EG 529,6, 1666/67. Jahrgang S. 76,
1613.
Lobet den Herren alle, die ihn ehren, EG 447,1, 1653. Jahrgang
S. 203.
Nun laßt uns gehen und treten, EG 58,1+11, 1653. Jahrgang
S. 279, **1649.**

O Haupt voll Blut und Wunden, EG 85,4, 1656, nach *Salve caput cruentatum* des Arnulf von Löwen vor 1250. Jahrgang S. 39, **1601.**

O Haupt voll Blut und Wunden, EG 85,8, 1656, s. o. Jahrgang S. 22, **1611.**

GOTTER, Ludwig Andreas (III,2) (1661-1735)
Herr Jesu, Gnadensonne, EG 404,1, 1695. Jahrgang S. 75, **1524.**
Herr Jesu, Gnadensonne, EG 404,6, 1695. Jahrgang S. 82, **1524.**
Womit soll ich dich wohl loben, ELKG 428,1, 1695. Jahrgang S. 175, **1690.**

HAUSMANN, Julie (V) (1826-1901)
So nimm denn meine Hände, EG 376,1, 1862. Jahrgang S. 44.
So nimm denn meine Hände, EG 376,2, 1862. Jahrgang S. 81.

HAYN, Luise von (1724-1782)
Weil ich Jesu Schäflein bin, GEB 891,1, 1772. Jahrgang S. 119, **1755.**

HERMAN, Nikolaus (II,1) (1500-1561)
Wir danken dir, Herr Jesu Christ, EG 107,1, 1560. Jahrgang S. 121.

HERMES, Johann Timotheus (1738-1821)
Ich hab von ferne, ELKG 456,1, 1770. Jahrgang S. 140.

HERRMANN, Johann Gottfried (1707-1791)
Geht hin, ihr gläubigen Gedanken, ELKG 276,1, 1742. Jahrgang S. 197, **1641.**

Geht hin, ihr gläubigen Gedanken, ELKG 276,4, 1742. Jahrgang S. 168, **1641**.

HILLER, Philipp Friedrich (IV,1) (1699–1769)
Mir ist Erbarmung widerfahren, EG 355,3, 1767. Jahrgang S. 179, **1642**.

HOMBURG, Ernst Christoph (III,1) (1605–1681)
Jesu, meines Lebens Leben, EG 86,1, 1659. Jahrgang S. 218, **1661**.

KEIMANN, Christian (III,1) (1607–1662)
Meinen Jesus laß ich nicht, EG 402,1, 1658. Jahrgang S. 72, **1674**.

KNAK, Gustav (1806–1878)
Laßt mich gehen, ELKG 455,1, 1846. Jahrgang S. 99.

MELANCHTON (Schwarzerdt), Philipp (II,1) (1497–1560)
Ach bleib bei uns, Herr Jesu Christ, EG 246,1, 1579, nach *Vespera iam venit* von Melanchton 1551. Jahrgang S. 110, **1543**.

MENTZER, Johann (IV,1) (1658–1734)
O daß ich tausend Zungen hätte, EG 330,1, 1704. Jahrgang S. 26, **1738**.

MEYFART, Johann Matthäus (III,1) (1590–1642)
Jerusalem, du hochgebaute Stadt, EG 150,1, 1626. Jahrgang S. 50, **1698**.

NEANDER (Neumann), Joachim (III,2) (1650–1680)
Lobe den Herren, den mächtigen König der Ehren, EG 317,1, 1680. Jahrgang S. 77, **1741**.

NEUMARK, Georg (III,1) (1621–1681)
Wer nur den lieben Gott läßt walten, EG 369,1, (1641) 1657.
Jahrgang S. 129, **1641**.
Wer nur den lieben Gott läßt walten, EG 369,2, (1641) 1657.
Jahrgang S. 130, **1641**.
Wer nur den lieben Gott läßt walten, EG 369,5, (1641) 1657.
Jahrgang S. 130, **1641**.

NEUMEISTER, Erdmann (IV,1) (1671–1756)
Jesus nimmt die Sünder an, EG 353,4, 1718. Jahrgang S. 265,
1674.
Lasset mich voll Freude sprechen, ELKG 439,1, 1718. Jahrgang
S. 57, **1661**.

NEUSS, Heinrich Georg (IV,1) (1654–1716)
Ein reines Herz, Herr, schaff in mir, EG 389,1, 1703. Jahrgang
S. 250, **1676**.

NICOLAI, Philipp (II,2) (1556–1608)
Wachet auf, ruft uns die Stimme, EG 147,1, 1599. Jahrgang S.
79, **1513**.

OLEARIUS, Johann (III,1) (1611–1684)
Herr, öffne mir die Herzenstür, EG 197,1, 1671. Jahrgang S. 239,
1628.

RÄDER, Friedrich (1815–1872)
Harre, meine Seele, harre, GEB 956,1, 1845. Jahrgang S. 28,
1848.
Harre, meine Seele, harre, GEB 956,1, 1845. Jahrgang S. 43,
1848.

RIETHMÜLLER, Otto (VI,1) (1889–1938)
Herr, wir stehen Hand in Hand, GEB 556,1+6, 1932. Jahrgang
S. 120, **1691**.

RINCKART, Martin (III,1) (1586–1649)
Hilf uns, Herr, in allen Dingen, ELKG 432,1, 1642. Jahrgang
S. 34, **1661**.
Nun danket alle Gott, EG 321,1, (um 1630) 1636. Jahrgang S. 41,
1647.

RIST, Johann von (III,1) (1607–1667)
Man lobt dich in der Stille, EG 323,3, 1651/1654. Jahrgang S. 92,
1654.

RODE, Waldemar ((VI,1) (1903–1960)
Tröstet, tröstet, spricht der Herr, EG 15,1, 1938. Jahrgang S. 151.
Tröstet, tröstet, spricht der Herr, EG 15,5, 1938. Jahrgang S. 178.

ROTHE, Johann Andreas (IV,1) (1688–1758)
Ich habe nun den Grund gefunden, EG 354,1, (vor 1722) 1727.
Jahrgang S. 196, **1738**.

SCHEFFLER, Johann (Angelus Silesius) (III,1) (1624–1677)
Liebe, die du mich zum Bilde, EG 401,1, 1657. Jahrgang S. 48,
1693.
Ich will dich lieben, meine Stärke, EG 400,2, 1657. Jahrgang
S. 222, **1738**.
Ich will dich lieben, meine Stärke, EG 400,7, 1657. Jahrgang
S. 127, **1738**.

SCHEIDT, Christian Ludwig (1709-1761)
Aus Gnaden soll ich selig werden, ELKG 444,1, 1741. Jahrgang
S. 211, **1641**.

SCHMOLCK, Benjamin (IV,1) (1672-1737)
Liebster Jesu, wir sind hier, EG 206,1, 1704. Jahrgang S. 20,
1664.

SCHRÖDER, Johann Heinrich (III,2), (1666-1699)
Eins ist Not! Ach Herr, dies Eine, EG 386,1, 1695. Jahrgang
S. 126, **1657**.
Eins ist Not! Ach Herr, dies Eine, EG 386,10, 1695. Jahrgang
S. 135.

SCHWARZBURG-RUDOLSTADT, Ämilie Juliane Gräfin zu
Barby und Mühlingen (III,2) (1637-1706)
Bis hierher hat mit Gott gebracht, EG 329,3, (vor 1685) 1699.
Jahrgang S. 18.

SPITTA, (Karl Johann) Philipp (V) (1801-1859)
Ich steh in meines Herren Hand, EG 374,1, 1833. Jahrgang
S. 256, **1529**.

STOCKFLETH, Heinrich Arnold (1643-1708)
Wunderanfang, herrlichs, ELKG 446,1, 1690. Jahrgang S. 116,
1793.
Wunderanfang, herrlichs, ELKG 446,3, 1690. Jahrgang S. 235,
1793.

TERSTEEGEN, Gerhard ((IV,1) (1697-1769)
Allgenugsam Wesen, ELKG 270,1, 1729. Jahrgang S. 138, **1653**.

Für dich sei ganz mein Herz und Leben, EG 661,2, 1757 Jahrgang S. 15, **o. J.**
Für dich sei ganz mein Herz und Leben, EG 661,3, 1757. Jahrgang S. 64, **altes Lied.**
Gott rufet noch, EG 392,2, 1735. Jahrgang S. 183, **1542.**
Gott rufet noch, EG 392,4, 1735. Jahrgang S. 91, **1542.**
Jauchzet, ihr Himmel, EG 41,1, 1731. Jahrgang S. 268, **1741.**

WEISSEL, Georg (III,1) (1590–1635)
Such, wer da will, ein ander Ziel, EG 346,1, (1623) 1642. Jahrgang S. 114, **1613.**

WUNDERLICH, Erhardt Friedrich (1830–1895)
Näher, mein Gott, zu dir, GL 502,1, 1875, nach Sarah F. Adams' *Nearer, my God, to thee,* London 1841, Jahrgang S. 87, **alter Gesang.**

ZINZENDORF, Nikolaus Ludwig Graf von (IV,1) (1700–1760)
Herr, dein Wort, die edle Gabe, EG 198,1, 1725. Jahrgang S. 66.
Herz und Herz vereint zusammen, EG 251,1, 1725. Jahrgang S. 241, **1735.**

Von wenigen Ausnahmen abgesehen sind die Glaubenslieder bei Wolf mit unzutreffenden Jahreszahlen versehen. Schließlich finden sogar zwei Lieder doppelt Erwähnung und sind dabei jeweils mit unterschiedlichen Jahreszahlen versehen, von denen jeweils nur eine zutreffend ist (bei EG 115,6 (1757) steht im „Jahrgang" auf S. 60 und auf S. 171 1653; bei EG 198,1 (1725) steht im „Jahrgang" auf S. 66 1725 und auf S. 225 1735). Zu den Festen Epiphanias, Himmelfahrt und Pfingsten ist kein einziges Lied aufgeführt. Zum Advent (EG 15,1+5) und zu Weihnachten (EG 41,1) finden sich insgesamt lediglich drei Strophen, zu Passion (EG 85,4+8, EG 86,1) und Ostern (EG 115,1+6, GEB 311,1) lediglich sechs. Die Folge von Wolfs ‚intuitivem Schreiben' ist, dass ihre ‚Wiedergabe' der Jahreszahlen ungenau bis fehlerhaft ist.

Lieder zu den christlichen Festen und Zeiten hat Wolf wohl bewusst entweder gemieden oder lediglich wenige erwähnt. Das Vermeiden der Erwähnung der Begriffe ‚Christus', ‚Jesus Christus' und ‚Heiliger Geist', die in der Bibel begründet und im Apostolikum bekannt werden, spiegelt sich somit durchaus in der Liederwahl wider. Die christlichen Zeiten und Feste sind auf Christus gegründet, weshalb einer der reformatorischen Grundsätze ‚Solus Christus' lautet. Weil Luther somit stets auf Christus verwies, blieb dieser wohl bei Wolf unerwähnt. Im Leipziger Gesangbuch von 1545 sind 37 Lieder von Martin Luther enthalten, von denen sich noch heute 34 im EG finden. Und sogar im GL, dem katholischen Gebet- und Gesangbuch, ist, da es hier kein Dichterverzeichnis gibt, allerdings erst bei genauerer Analyse, festzustellen, dass selbst hier Lieder von Luther Einzug fanden (GL 215,3; 227; 237; 252,2-7; 277; 367,1; 475; 503). Umso bemerkenswerter ist die Tatsache, dass Wolf – trotz ihrer großen Achtung vor Luther als Reformer und Kämpfer für Gottes Wahrheit – nicht ein einziges seiner Lieder anführt (vgl. Brunnader 1990, S. 12).

b) Geist der Negation

In der Bibel kommt Gott im seelsorgerlichen Gespräch mit einer Frau auf die Verbundenheit aller Christen zu sprechen: Der Ort und die äußeren Anbetungsformen mögen verschieden sein. Auch treten Lehre und Gottesdienstordnung in den Hintergrund. Die Verbundenheit aller Jünger und Jüngerinnen ist die Anbetung im Heiligen Geist und in der Wahrheit (vgl. Joh 4,24). Diese Bibelstelle ist bei Wolf dem 14. Juni zugeordnet und hier erwähnt sie zum einzigen Mal den Heiligen Geist. Somit erscheint bei ihr die einigende Verbundenheit als Nebensache und beim Übersehen dieser einzigen Textstelle verschwindet der Heilige Geist in Wolfs Werk gänzlich in Bedeutungslosigkeit. Beim Reflektieren ihrer Auswahl an Bibel- und Liedversen scheint gerade dies den sogenannten roten Faden zu bilden: Wolf scheint alles daran gesetzt zu haben, den Heiligen Geist so gut wie gar nicht zu erwähnen. Somit weist auch der „Jahrgang" eine Systematik auf. Im christlichen Glauben wird dagegen die Ansicht vertreten, dank der Heiligen Taufe die Gabe des Heiligen Geistes empfangen zu haben (vgl. Apg 2,38), über die die Menschen sich als edlen Schatz freuen sollten. Luther sagte, dass jeder Christ sein Leben lang über die Taufe zu lernen und zu üben hat, was sie zusagt und bringt: Überwindung des Teufels und des Todes, Vergebung der Sünde, Gottes Gnade, den ganzen Christus und Heiligen Geist mit seinen Gaben (vgl. Katechismus 2003, S. 72). Jedoch bleibt bei Wolf gänzlich unerwähnt, dass Christen auf den Namen des Vaters und des Sohnes und des Heiligen Geistes getauft sind (vgl. Mt 28,19). Gerade der Heilige Geist führt Christen in die Gemeinschaft, weil es ohne Gemeinschaft kein Christsein gibt, da Wolf aber persönlich eine distanzierte Beziehung zur Ecclesia hatte, bleibt dieser Aspekt bei ihr unbeachtet. Gleiches gilt für das Heilige Abendmahl, weil darin der Herr, im verheißenen Heiligen Geist erfahrbar, stärkend und tröstend gegenwärtig ist. In der Bibel gebietet Jesus den Menschen, das Abendmahl zu seinem Gedächtnis zu feiern (vgl. Lk 22,19). Christen vertreten die Auffassung, dass sie nicht aus eigener Vernunft noch Kraft an Jesus Christus glauben oder zu ihm kommen können, sondern der

Heilige Geist sie durch das Evangelium berufen und mit seinen Gaben erleuchtet hat (vgl. Katechismus 2003, S. 45). Dass Luther dies lehrte und in seinen Liedern vermittelte, trug wohl auch dazu bei, dass Wolf in ihrem „Jahrgang durch Gottes Wort" keins seiner Lieder erwähnt.

Es folgt Wolfs Gebet und Gedicht für den 14. Juni:

Ach liebster Vater, wie oft wird **das** heilige GEIST falsch angewendet, und von **dem** HEILIGEN GEIST weiß man noch viel weniger.
Darum:
O hehrer Geist, zu Deiner Wahrheit will ich wallen,
laß Dir die Ehre und die Anbetung gefallen.
die ich, Dein Kind, Dir darzubringen weiß
zu Deinem Ruhm, zu Deiner Freude und zu Deinem Preis.
AW (Jahrgang o. J., S. 111).

Auffällig ist hier zunächst ihre rätselhafte Ausdrucksweise. Die Interpretation, dass Aussagen über den Heiligen Geist in der Bibel anders als im Christentum üblich zu verstehen sind, scheint möglich. Gleiches träfe demnach auch auf solche Aussagen in entsprechenden Liedstrophen zu. Wolf scheint somit zu glauben, etwas über den Heiligen Geist zu wissen, was die Christenheit nicht weiß, und lässt ihn vielleicht deshalb in ihren Werken nahezu unerwähnt. Dagegen scheint ihrer Auffassung nach der Geist UR viel darüber zu wissen, da es ihr ansonsten nicht möglich gewesen wäre, ihr Werk zu schreiben. Hier handelt es sich wohl um einen Geist der Negation, der in Wolfs Lehre an die Stelle des der Christenheit verheißenen Heiligen Geistes treten soll.

VII Dokumentenauswahl

1. „Vortragsmappe"

Juni 1952

Der Herzensacker und die sieben Geister Gottes; ihre freie Nutzanwendung

Ps. 63

Liebe Freunde!

‚Die Ernte ist groß, aber wenig sind der Arbeiter.
Darum bittet den Herrn der Ernte,
daß Er Arbeiter in Seine Ernte sende.'

Matt. 9,37

Wer kennt sein Herz? Was ist es und wo kommt es her? Wer sich mit den Fragen mehr befaßt, spürt alsbald eine wundersame Regung, eine Sehnsucht, sich ins eigene Herz zu begeben, um vom Einfluß einer armen Welt befreit zu werden.

Das Herz! Ist's nicht ein Ding, wie jedes andere Organ im Körper, den die meisten Menschen – ach wie oft – mißbrauchen, den Wunderbau kaum kennend, von der Wissenschaft nur medizinisch angesehen? Ja, wenn die Erkenntnis nicht weiterreicht, als daß das Herz ein Organ des Körpers wäre, nicht etwas, wie unsere Seele, deren ätherischer Stoff stabiler ist als das kompakte Fleischgehäuse, dann ist freilich unser Herz der pumpende Motor, eine physische Kraft, das der Medizin zu überprüfen überlassen werden kann.

Schuf die Natur das Lebenskraftgebilde? Wenn ja, wo nahm sie sich das Vorbild her? Ist die Natur der Schöpfergeist oder bloß Gottes oberster Zeuge aller Wunderwerke, von Seiner Hand gemacht -?

In Matthäus 13 spricht der Herr vom vierfachen Acker, wovon drei Teile als unbrauchbar bezeichnet werden. Seine Lehren gipfeln häufig in dem Hinweis auf das Lebensherz, dem Sein heiliger Wortsamen gilt. Daraus geht hervor, daß unser Herz der Grundacker ist, jenes, das nicht mit dem physischen Regulator verwechselt werden sollte.

Trotzdem wirft der ‚Acker' Gedanken auf, die in kurzen Hinweisen kaum zu klären sind. Darum wird nur eine wichtige Gegenüberstellung vorgenommen, um die Eingangsfragen zu verstehen.

,Die Ernte ist groß, aber wenig sind der Arbeiter.
Darum bittet den Herrn der Ernte,
daß Er Arbeiter in seine Ernte sende.'

Es gibt einen Acker des Herzens und der Schöpfung, demnach eine Herzens- und eine Schöpfungsernte. Ihre Trennung ist nur bedingt, wenn sie auch in ihrer Zweiheit existieren. Sie stehen allezeit gemeinsam auf des Schöpfers Land.

Wir besehen erst den Schöpfungsacker, von dem der heilige Landmann spricht. Zwar lehrt Er das die Jünger, meint aber auch des Volkes Herzensacker. Dem Ruf an Ernteleute ging einst ein hochheiliger voraus, der nicht in die Materiezeit entfällt, sie aber mit betrifft.

Gottes Reich hat Legionen Kinder, die im Mithilfsdienst herab zur Erde steigen. Die Erde, insgesamt auch die Materie, ist der große Schöpfungsacker, auf dem die Lichtarbeiter all ihr Tagewerk vollbringen wollen. Die durch den Fall materiell gewordenen Substanzen müssen in dem Werkprozeß einer grundheiligen Erlösungs-Ordnung eine reife Ernte werden. Auf diese Weise werden die gefallenen Wesen sowie alle Kraftsubstanzen wieder in das Licht zurück gebracht.

Nun spricht der Herr vom vierfachen Acker. Der Weg, dahin etlicher Samen fiel, von den Vögeln aufgefressen, ist die Welt. Die Vögel, die unter dem Himmel frei fliegen, stellen das falsch angewendete Freiheitsgesetz dar. Das Steinige, auf das ein weiterer Samenteil entfällt, ist das Lebensherz des Menschen, jenes, das zum Vorbild unseres körperlichen Herzens dient.

Das Dritte sind die Dornen. Wieviel wildes Dorngeranke von Ansichten und Glaubenssätzen gibt es, die das Licht zu überwuchern drohen. Das Ärgste an der Wildnis ist: ein Dorn sieht sich nicht als solcher an, manche treiben sogar weiße Blüten; gewiß – ein Schmuck, aber nur ein äußerer, der zudem die verletzenden

Dornen deckt. Was für ein Symbol! Wahrlich, das ist ohne Worte zu verstehen. –

Beim letzten Samensteil, auf gutes Land entfallend, achtet der heilige Landmann nicht zuerst auf dessen Vielfältigkeit, sondern auf die Fruchtbildung überhaupt. Hierbei geht es grundsätzlich den Herzensacker an, in welchem ja der Schöpfungsacker auch die Aufteilung erfährt. Der Psalmensänger klagt, an einem trockenen, dürren Land zu hausen, da kein Wasser wäre. Also gibt's da keine Ernte. Ja, wenn die Welt drei Landanteile hat und zwar die unrentablen, dann sieht's mit einer Ernte mager aus. Doch nicht zuletzt hat der demütige König sein Herz gemeint, von dem auch drei Teile Weg, Stein und Dornen sind, während bloß ein Anteil fruchtbar ist.

Diese Erkenntnis kann auch auf den großen Schöpfungsacker mit bezogen werden, weil eines mit dem anderen vereint ein Lehrbild ist. Die wunderbare Heilswahrheit vom vierfachen Acker öffnet das Geheimnis über unser Herz und seine geistige Beschaffenheit, die ihre Reflexion im irdisch-fleischlichen Herzen hat.

Vier Einzelteile zeigen sich, die aber eine Einheit sind. Findet man in jedem Herzen die vier Äcker? In mancher Hinsicht schon; doch können sie sich segensreich gestalten. Nimmt ein Mensch die Lehre auf, so wird sein Herz zum einheitlichen Ackerland, und zwar dahingehend, daß der Glaubensweg kein Tummelplatz für frei fliegende Anschauungen bleibt, daß sowohl der Herr als alle Nächsten auf ihm frei zum Haus des Liebeherzens gehen können.

Weiter sind die Steine keine Herzenshärtigkeit, die das Ackerland bedecken, wo weder Sonne, Regen oder Tau befruchten können. Nein, sie sind ein fester Untergrund geworden. Und die Dornen, von des Feldes Mitte weggeräumt, umsäumen wie ein Schutz das gute Land.

Alles materielle Gebilde ist eine Präge höchsten Geistes und der Wahrheit Gottes. Wer weiß, warum die Allmacht ihre heiligen Dinge symbolisch der Materie verlieh? Zum heutigen Thema können wir zwar nur vom Herzen hören, doch es ist gerade das wunderbarste Thema all der Offenbarungen. Hesekiel verkündet Gottes Wort dazu:

> ,Ich will euch ein einträchtiges Herz geben
> und einen neuen Geist in euch geben
> und will das steinerne Herz wegnehmen aus eurem Leibe
> und ein fleischernes Herz geben.'[9]

Beim fleischernen Herz ist nicht das leibliche gemeint. Denn das steinerne stellt als Gegensatz die Härte des Gemütes dar, während das fleischerne ein Sitz der Liebe ist: Geist aus Gottes Geist. Die Form des Herzens ist sehr wichtig. Es verläuft nach unten spitz und bedeutet die Berührung mit der Welt. Der Mensch soll also bloß mit einer Spitze seiner Wünsche in die Welt hinunterragen. Das Herz hat oben eine zweifache Ausbuchtung, nach deren Mitte zu, ins Herz hinein, eine Rinne, durch welche Gottes Lehre strömen kann. Die beiden Sammelbecken sind mit vielem zu vergleichen; so z. B. mit den beiden Liebegeboten, dem inneren und dem äußeren Kraftbewußtsein aus dem Reich, den zwei Schöpfungsfundamenten oder dem Licht- und Mitopferleben.

Die Form, die so viel Wunderbares zeigt, wird überflutet von der inneren Einteilung des Herzens. Vier Kammern sind da, durch die das Blut pulsiert, das im herrlichen Zusammenspiel ihrer gebenden und nehmenden Kräfte ein erhabenes Einheitsbild ergibt. Diese Kammern haben geistig eine so vielfache Deutung, die nicht auf einmal zu besprechen sind. Das Wichtigste sei herausgegriffen.

Daß die VIER ein Heiliges bedeutet, ist so gut wie nicht bekannt. Dabei geht sie wie ein breites Band durchs Bibelbuch, angefangen mit den vier Strömen aus dem Garten Eden, nach den vier Himmelsrichtungen fließend, bis zur vierfachen Preisanbetung, die sich viermal in der Johannes-Offenbarung wiederholt.

Bisher wurde nur von einer Gott-Dreieinigkeit gesprochen als Vater, Sohn und Heiliger Geist, ebenso die Darstellung von Geist, Seele und Leib; doch hat das seinen Grund, der nicht nur

---

[9] Hes. 11,19

in der mangelhaften Auslegung des Gotteswortes ruht, sondern ebenso in all den zugedeckten himmlischen Geheimnissen der UR-Wesenheit zu finden ist.

Jesus enthüllt die UR-Vierwesenheit; Er wird Vater, Herr und Gott genannt. Er ist zugleich der Priester, von dem Paulus im Hebräerbrief in fünf Kapiteln zeugt. Ist Er obendrein das WORT, durch das alle Dinge geschaffen sind, so steht auch der Schöpfer in Ihm auf dem Plan. Der All-Heilige trägt diese VIER in sich, in welchem auch die sieben Eigenschaften als Grundlebensstrahlen ihre hehre Einteilung erhalten haben.

Die Vierwesenheit, auch schöpferisch als Macht, Kraft, Gewalt und Stärke, stellt als Symbol das einheitliche Herz ein Spiegel, wahrlich auch ein edles Ebenbild, wie Gott den Menschen nach sich selbst geschaffen hat.

Das Dreieinigkeitsdogma ist ein Überbrückungsglaube, durch Sadhanas Fall bedingt. Von dem Augenblick an deckte UR Sein volles Wesen zu. Es traten – wie als Einzelteile – die Führung als Vater, das Wort als Sohn, die Sendung als Heiliger Geist hervor, deren Einheit erst mit Golgatha, für die Gefallenen als Viertes die Wiedervereinigung des Kindgeistes mit dem UR-Geist, vor sich ging.

In der Anlehnung zeigt sich im Geschöpf der Geist als Erkenntnis, die Seele als Liebe, der Leib als Gehorsam, die als ein Viertes die vollkommen freie Hingabe an den UR-Geist aufzubringen haben, um auch von sich aus die Wiedervereinigung mit UR-Gott zu erlangen.

Dieses Vierte war mit Sadhanas Fall für sie und ihre Wesen nicht eher zu erlangen, bis das Kreuz-Notopfer geschah, in welchem alle Mitopfer der Lichtkinder ihre himmlische Segenskraft empfangen. Und allein nur mit der freien Erkenntnis der verlorenen Tochter, sich aufzumachen und zum Vater heimzukehren, fand für sie das ,Vollbracht von Golgatha' seine höchste Offenbarung. Gottes Offenbarung wurde vielseits weltlich ausgelegt. Nun aber ist die Herrlichkeit geöffnet. Schon seit Golgatha, wenn auch unerkannt! Denn im Augenblick der Öffnung sind die Ströme des ewigen Lichts nicht aufzuhalten; sie dringen heraus und nehmen wie Herolde ihren Weg, den der König kommen wird.

Dieses Licht fällt nicht mehr wie zu Jesu Zeit als Samen auf den Weg, auf Stein und Dorn; es bleibt inmitten auf der Bahn; es geht vom UR-Herzen aus und mündet in die Herzen aller Kinder. Dorthin kann es aber nicht gelangen, wenn sie nicht ebenso die Pforte öffnen, um den König zu empfangen, wie Er Sein Herz öffnet, Seinen Reichtum herzuschenken.

Es war aber trotzdem das Geheimnis aufzunehmen. Denn der Heilige von Zion brachte viele Gleichnisse, daß es staunenswert ist, wie wenig sie erkannt wurden. Allein der Name UR! Mannigfaltig wird er kundgetan, vom Urfeuer angefangen bis zum Urgott (Lorber). In feiner Symbolik zeigt sich uns das UR-Herz in der göttlichen Vier, nicht zuletzt auch bei und an uns selbst.

Obgleich der Herr von Geist, Seele und Leib redet, stellt Er doch das HERZ über diese drei und nennt es den Sitz des wahren Lebens und Lichtes. Also steht zur Dreiheit von Geist, Seele und Leib das Vierte angeschlossen: das Herz! Eine Sache für sich; denn es dient als Sammelpunkt alles Göttlichen. Darüber hinaus ist es der eigentliche Lebensspender, der seinen Kraftstrom in geistiger Substanz dem fleischlichen Herzen zuleitet.

Jetzt verbinden wir den Herzensacker mit den sieben Geistern Gottes. Sie sind bekannt; leider nicht ihr einheitliches Recht. Um zu einer Klarheit zu gelangen, ist eben zu bedenken, daß die sieben Eigenschaften – Grundlebensstrahlen genannt – in sich selbst vollendete Einheit sind. Stellen sie der Gottheit Wesenszüge dar, so ist ihr Wert auf keinen Fall verschieden einzustufen. Gerade das geschieht sehr häufig, auch in ihrer Reihenfolge.

Man verwechselt immer wieder das: Werden die Eigenschaften offenbart, so sind sie bloß der Reihe nach aufzuzählen, womit niemals eine Wertmessung erfolgt. Im Gegenteil! Johannes sieht in seiner Offenbarung stets die sieben einheitlich als Geister oder Sterne in der Rechten dessen, der auf dem Stuhle sitzt; als sieben Leuchter, unter deren Mitte der All-Heilige wandelt; ferner als die sieben Fackeln, brennend um den Heiligen Stuhl.

Ein Wertunterschied darf also nicht erfolgen. Nur der Mensch nimmt sich heraus, die Gottheit abzumessen! Was sich in einer Reihenfolge zeigt, dient in jeder Weise bloß zum Aufbau eines

Werkes, wie die Eigenschaften auch der Reihe nach zur Wirksamkeit gelangen.

Ward die Liebe als der erste Grundstrahl eingesetzt, so für den sechsten Tag nach der Genesis. Welche Eigenschaften aber dominierten an den vorausgegangenen Tagen? Tief hineingeführt, hat jeder Tag eine andere Eigenschaft im Vorfeld stehen – als Regent. Aber selbst der Schöpfungs-Reihenfolge, die mit der Ordnung beginnt und mit der Barmherzigkeit am kommenden Schöpfungssabbat schließt, ist keine Wertmessung gegeben.

Leider kennen viele Neuoffenbarungsfreunde das Heilige der Liebe nicht genügend. Man glaubt, wenn man viel von Liebe spricht und sie über alles andere erhebt, so wäre das die echte Liebe! Wer aber hat in seines Herzens Raum mit voller Hingabe daran gedacht, alles nur zur Freude und heiligen Ehre Gotte zu tun? Wenn ja, bedürfte es dann der Hervorhebung der Liebe? Wäre das ihr höchster Inbegriff? Oh, wer das Ganze anerkennt, weiß allein, was Liebe ist!

Ohne alle Grundlebensstrahlen ist keine Vollendung zu erreichen. Wäre denn in einer Eigenschaft eine mindere Verwendbarkeit?! Ganz unmöglich! Gott ist nicht unterschiedlich. Trägt Er die sieben Geister in der Rechten, zu Seinem ganz persönlich heiligen Recht, wer mag es sich getrauen, in diese Rechte einzufallen, um nach Belieben zu entnehmen, was ihm gerade wohlgefällt?

Wie wenig weder das fleischliche, erst recht nicht das geistige Herz einer einzigen Kammer entbehren kann, so wenig kann der Blutkreislauf, von den sieben Geistern angetrieben, nur durch eine, zwei oder drei Herzkammern fließen. Anders würde ja der Lauf gestört, geistig und auch leiblich. Johannes spricht vom zweifachen Tod.

Wie viel Manko deckt der allgemeine Glaube zu! Manche fragen: Was soll ich mit der Ordnung geistig tun? Ich lebe ordentlich! Das Symbol der Ordnung ist die Waage, und die zeigt an, wie jene anzuwenden ist. Gedanke, Wort und Tat sind zu erwägen, soll aus diesen drei auch ein Viertes kommen: die gerechte Folge. Ist es beispielsweise angebracht, der Liebe das Zudecken aller Unzulänglichkeiten zuzuschieben? Ist's nicht geistig – wo es

Not tut -, Strenge auszuüben? Gerade das ist ein wahrer Ordnungsgrund, auf dem alle Eigenschaften gleichanteilig wirken werden.

Jesus reinigte den Tempel mit der Geißel. Das geschah in heiligem Ernst. Lag in diesem Ernst Sein Zorn oder eine unverstandene Liebe? Waltete in dieser Handlung nicht sogar die Barmherzigkeit? Ja - Er hat die sieben Geister in Seiner Rechten, und Er wird sie jederzeit gleichanteilig wirken lassen.

Daran kann man sich ein Beispiel nehmen, um zu den Ernteleuten mit gewählt zu werden. Nun fragt es sich: In welche Ernte soll man gehen? Wer die Feldarbeit versteht, leistet gut das richtige Arbeitsmaß. Es gibt außerdem Wein-, Obst- und Grasernten, jene von Gemüse und noch sonstigen Arten. Jede Ernte bedingt anderes Können, Werkzeug, Zeiten und Behandlung. Nicht umsonst sagt der Herr: Werdet vollkommen, wie euer Vater im Himmel vollkommen ist.

Wer dem heiligen Landmann dient, muß gewärtig sein, in die eine oder andere Ernte geschickt zu werden. Freilich - man muß ‚geschickt zum Reiche Gottes' sein. Auch spielt es eine Rolle, ob jemand in der Frühe, am Mittag oder Abend auf ein Feld entsendet wird. Wer aber hat noch nie gefragt, warum die Abendarbeiter den gleichen Groschen wie die anderen erhalten? Die Früharbeiter murren, weil sie nicht sehen, was von den Späteren verlangt und erwartet wird.

Der Abend bricht herein. Auf den Feldern liegen weit verstreut die letzten Halme oder Früchte. Der heilige Landmann läßt aber nichts verderben. Also sendet Er in letzter Stunde noch die Willigsten, die sich nicht bloß auf den Lohn versteifen, die Korn, Früchte, Wein, Gras, Gemüse, Obst und - sogar Blätter einzeln sammeln, Johannes schreibt es ja: ‚Die Blätter dienen zur Gesundheit der Heiden!'

Die Abendstunde des sechsten Schöpfungstages ist gekommen, und darum steht auch die Erfüllung aller Weissagungen vor der Tür. Nun gilt es, daß wir uns bereiten, um, mit allen Eigenschaften ausgerüstet, für den Herrn der Ernte auf dem Feld zu dienen. Wer jetzt die schwere, umso köstlichere Nachlese durchführen darf: hoch gesegnet ist jeder, der - vom geistigen Lebensstrom gestärkt – am eigenen Herzen, am Herzen seiner Freunde und nicht zuletzt am arm gewordenen Herzen unserer Weltmenschen tätig ist.

Wer mit der Ordnungswaage für den geistig und irdisch Armen stets gerecht wiegt, der wird jedes Erntefeld sauber ablesen. Er wird nicht denken: Ach, den mageren Halm, die kleine Frucht kann ich liegen lassen, auf die kommt es nicht an. Nein – im demütigen Willen bückt er sich so oft, so viel da noch verstreut liegen mag.

Dem zeigt sich dann in voller Weisheit, wie gut es ist, alles der Schöpfungsscheuer zuzutragen; und der Ernst lehrt ihn erkennen, wie wunderbar der All-Heilige selbst das letzte Blatt zu neuer Seligkeit für alle Kinder aufbewahrt. In Geduld warten diese letzten Ernteleute, bis sie heimgerufen werden. Sie sehen nicht ängstlich nach der Uhr, ob sie schon genug geleistet hätten. Sie schaffen bis zuletzt, weil sie den Vater lieben. So ist die Liebe zu beweisen, nicht mit Worten, sondern in der Folgerichtigkeit von allem Tun.

Er verwendet auch die Zeichen aller Eigenschaften, nämlich die Waage der Ordnung, das Schwert des Willens, die Sichel der Weisheit, die Kelter des Ernstes, den Kelch der Geduld, das Kreuz der Liebe und findet in der Krone der Barmherzigkeit seine einstige geistig-himmlische Krönung! Dann tritt ER hervor, der Heilige und Erhabene, Schöpfer und Heiland zugleich und reicht aus Seinem Kronschatz der Barmherzigkeit den Lohn, den gesegneten Erntegroschen!

,Es ist ein köstlich Ding,
daß das Herz fest werde,
welches geschieht durch Gnade!'[10]

Amen

(Vortragsmappe o. J., S. 42–48).

---

[10] Heb. 13,9

2. Anita Wolfs Briefe

(20a) Hannover, den 30.10/1957

Bödekerstr. 11/II, r.

Mein lieber Bruder Josef Brunnader und Schw. Eleonore!

Für den lieben ausführlichen und mit einer guten Gabe ausge-
statteten Brief vom 27.10., der heute morgen in meine Hände
kam, sage ich meinen herzlichsten Dank. Und das Letzte vom
Brief gleich zuerst: Ich sage gern das freundliche ‚Du'! So sind
wir noch enger vereint und des himmlischen Vaters Liebe kann
uns ganz umhegen.
Wenn ich heute nicht ausführlich auf alles eingehen kann, so bitte ich um Entschuldigung; aber schon übermorgen komme ich
von der Sozial-Fürsorge 3 Wochen zur Erholung weg. und da
habe ich natürlich noch so allerlei zu tun, zumal auch noch 2
‚Amtsgänge' zu erledigen sind. Das Gedicht hat mir recht gut ge-
fallen, weil es das Herz offenbarte, von dem es ausgegangen ist!
Ebenso sagt das ‚Stammbuchgedicht' vom Licht und von der
Liebe, die im Herzen des ‚Dichters' wohnen.
Es freut mich, daß die Sendung so rasch und gut angekommen
war und Deine und der Freunde Freude groß ist. Der Brief an
Freund Dr. Martin ist gleichfalls gut gehalten. Ja, ich weiß, daß
Bietigheim die gerade mir gegebenen Werke totschweigen will.
Aber so wenig man einst einen Martin Luther mit der gleichen
Taktik (und noch anderen) mundtot machen konnte, so noch
viel weniger das, was der HERR zu sagen hat. Mir tun sie alle
leid, sie reden fortgesetzt von der Liebe und die Vorträge allzu-
meist haben nur dieses Thema, weil man sich <u>leicht</u> in ihm er-
schöpfen kann, was sonst der geist. Vernunft mangelt. Denn würden sie diese anwenden, diese heilige Gabe Gottes, so würde
und müßte es ja hell in ihnen sein, um zu erkennen, daß nicht
die Predigt über die Liebe in tausenden Variationen die Religion, den Glauben und gerade am wenigsten die Liebe beweist,
sondern nur der Widerhall aus <u>Gottes</u> Eigenschaft, wie wir diese
gegen alle Geschöpfe in Anwendung bringen. Gerade das Tot-

schweigenwollen ist eine sehr große Sünde gegen die Liebe des 2. Grundgebotes! Und der HERR, nicht der erträumte sanfte Jesus, wird sie wirklich einmal fragen: ‚Habt denn ihr ein Recht gehabt, Mir in Mein Wort und in Meinen Arm zu fallen?!' Ich bezweifle, daß sie alle eine klare gute Antwort geben können, so wie sie einst Mose gab. Ich aber bin dahingehend unbesorgt, was unser heiliger Herr und Vater will, das geschieht, und wenn sich alle Menschen auf den Kopf stellen würden; denn Gottes, des allheiligen UR Herrschaftswille ist letzten Endes die Kraft, die alle Werke erhält und trägt, nicht zuletzt uns Menschen! Unser freier Wille ist ja nur insofern frei, als er sich innerhalb der von UR gegebenen Willensbegrenzung, sagen wir besser, innerhalb des von Ihm gnadenvoll errichteten Schöpfungsgeheges frei bewegen und betätigen kann. Denn gerade die Ueberschreitung dieses Wille-Geheges brachte Sadhana den Sturz. Und heute wird gelärmt: Gott muß unsern freien Willen respektieren! Diese Idee ist nicht aus dem Göttlichen hervorgegangen, sondern – wie auch der Herr von der Endzeit voraussagte – noch einmal der krasseste Wiederstrahl des einstigen Sturzes, aber nicht oder am wenigstens im persönlichen Sadhana-Luzifer-Wesen, sondern in den Menschen, die sich so gegen Gott erheben, außerdem noch unter der Flagge der Religion. Das sind aber Probleme, die wir auch im n. Jahr besprechen werden, worauf ich mich schon sehr freue.

Das Wortheft werde ich mir noch mitnehmen und in der Kurzzeit einmal Deinen Lebenslauf lesen.

Und nun will ich für heute so schließen, weil die Zeit eben doch ein bißchen drängt.

Dir, lieber Bruder Josef und Deiner lieben Eleonore, sende ich viele liebe und herzliche Geistgrüße zu, mitsamt vielen guten Wünschen, die das Fürbittgebet ergibt. Desgleichen auch die herzl. Grüße an Bruder Meyer und seine liebe Frau und die Freunde Eurer Kreise. So verbleibe ich in Gottes Liebe du in unseres Heilandes Gnade

Eure Schwester Anita

Es würde mich interessieren, was Freund Martin u. Bietigheim antworten.

Gegen den 25.11. bin ich wieder zurück.
Unsere liebe Ida Haller-München ist sehr fleißig,
daß sie Euch schon so viel geschickt hat

(Brunnader 1990, S. 31–32).

3. „UR – Das wahre Ziel"

Die Wahrheit wird euch freimachen!
Joh. 8,32

> Wer unter euch ohne Sünde ist,
> der werfe den ersten Stein auf sie.
> Joh 8,7

Christen und Gläubige, Freunde der Neuoffenbarung, stehen vor der Frage: Spricht GOTT auch heute noch im zwanzigsten Jahrhundert und zwar durch Lichtboten zu uns Menschen, oder hat Er vor zweitausend Jahren oder 1864 aufgehört, Boten aus Seinem Lichtreich zu senden?
Nicht wenige NO-Freunde erkannten es, daß unser lieber himmlischer Vater uns, besonders wenn große Zeitwenden bevorstehen, Seine ewige Offenbarung schenkt. Dies gilt erst recht in unserer Zeit.
Durch Jakob Lorber wurden diesbezüglich markante Hinweise gegeben (10. Bd., Kap. 115,9). Der Herr: ‚Ich werde aber fürderhin bis ans Ende der Welt Meine Boten senden aus den Himmeln, auf daß von den argen Kindern dieser Welt MEIN WORT nicht vertilgt und zu sehr verunglimpft werde.' Und: ‚Diese werden um meines Namens willen verfolgt werden, mehr oder weniger!'
Studieren wir dazu Band 11, S. 220 durch L. Engel: Der Herr: ‚Hiermit ist alles besprochen und getreulich niedergeschrieben,

was mit Meinem leiblichen Leben zusammenhängt und was auf Erden in sichtbare Erscheinung getreten ist. Es fehlt jedoch hier noch ein großer Teil, nämlich das, was in der geistigen Welt sich abspielte. Das zu fassen ist die Welt noch viel zu unreif; und auch die wenigen, die Meinem direkten Worte glauben, können es noch nicht in sich aufnehmen. Es wird jedoch eine Zeit kommen, und diese ist nicht allzu ferne, wo die Menschen zu einem reingeistigeren Empfinden zurückkehren. Sodann ist es Zeit, auch dieses zu offenbaren und es wird sodann geschehen!'

Diese äußerst wichtige Stelle wurde 1893 von L. Engel niedergeschrieben. Wer demütig aufgeschlossenen Herzens ist, erkennt mit großer Freude, daß diese wunderbare Voraussage sich in unserer Zeit erfüllt. Durch die hochgeistige Gottes-Offenbarung, welche wir durch Frau A. W. erhalten, erfüllt sich GOTTES WORT an uns. Daß dieses Geschehen auch Neider und Diffamierer auf den Plan ruft, ist durchaus nichts Neues.

Es ist sehr traurig, wenn manche NO-Freunde bloß die LIEBE gelten lassen wollen und durchweg nur von der Liebe reden, wohlgemerkt: eben **reden!**, in der Tat jedoch intolerant sind, ja sozusagen mit fast mittelalterlichem Fanatismus gegen alle zu Felde ziehen und kämpfen, die sich erlauben, Gottes Offenbarung der Gegenwart zu studieren und aus Erkenntnis freudig aufnehmen.

Es nützt auch nichts, wenn jemand sich ein ‚Vaterwort' bestellt, in denen heftige Ablehnungen gegen alles andere erscheint. Wenn dazu unter derartigen Schriften extra ‚euer liebender Vater Jesu' steht, so ist dies eben **kein** Beweis für ein echtes Vaterwort. Freilich ist mit solchem Schreiben oder Reden leicht ein gutgläubiger Mensch zu bluffen.

Der Wahrheit wegen ist es notwendig, unseren Freunden aufzuzeigen, daß **niemals** echte GOTTES-WORTE und nie echte Propheten andere Glaubensgeschwister bekämpfen oder gar beschimpfen.

Wer glaubt, er müsse viele widersprüchliche Stellen suchen und zusammentragen, dem sei gesagt: auch unser Heiland JESUS CHRISTUS wurde beschimpft, als Gotteslästerer verurteilt und gekreuzigt! Mögen jene, die sich einbilden, gegen die herrlichen

Lichtoffenbarungen unserer Gegenwart kämpfen zu müssen, zur Kenntnis nehmen, daß ihr armseliges Bemühen sinnlos ist, weil **nie** ein schwacher Mensch auf die Dauer gegen GOTTES GEIST ankämpfen kann!

Ein weiser Gelehrter vor fast 2000 Jahren hat, als die Schriftgelehrten im Hohen Rat gegen JESUS intrigierten, gesagt: ‚Wenn diese Lehre des Nazareners nicht von Gott ist, geht sie mit Sicherheit von selbst zugrunde und kommt in Vergessenheit; ist sie aber von GOTT, welch ein Mensch kann dagegen kämpfen?‘ Dies darf heute auch für die echten Schriften gelten, die wir durch A. W. erhalten.

Gern sind Buchstabenreiter, Besserwisser und Neider immer am Werk, aber auf die Dauer können sie nichts ausreichten, weil es längst viele Tausende aufgeschlossene NO-Freunde gibt, die das Jetzige anerkennen. Wir können aus Gnade aufweisen von den Freunden in der BRD, Italien, Schweiz, Belgien, Österreich, USA, Australien, Neuseeland und anderen Stätten, auch daß durch große Hingabe von Frau Siegfriede Ebensperger/Meran die von ihr erstellten Vorträge mit Bildern über das Werk ‚UR-Ewigkeit in Raum und Zeit‘ ins Italienische übersetzt wurde und auch in Englisch.

Was spielt es da für eine Rolle, wenn einige Leute noch immer die wichtigsten Gebote des HERRN mit Füßen treten, jene, wie ER gelehrt: ‚Prüfet alles und das Gute behaltet!‘ (2. Tess. 5,21), also Fehler, Irrtümer suchen, wo keine vorhanden sind.

Er hat auch nicht gelehrt: ‚Bekämpft euch untereinander‘, sondern: **‚Ertragt und liebet einander!‘** Dies sollten sich jene zu Herzen nehmen, die wenig Nächstenliebe, kein Verständnis für andere aufbringen, falls sie sich nicht schon ihren Lichtweg mit eitlen Vorurteilen und Hochmut verlegt haben.

Ein heftigster Angriff ist gegen die Umkehr Sadhanas, des einst so tiefstgefallenen ersten Schöpfungskinds. Denn für dieses und alle mitgefallenen Kinder, nicht zuletzt für uns sündige Menschen, ist unser himmlischer Vater als HEILAND auf diese Welt gekommen, um als ERLÖSER und **Sein** Golgatha alle von der Materie zu befreien!

In der Golgatha-Nacht hat Er durch Sein hehres Kreuz-Notopfer die Sadhana besiegt und zur Umkehr gebracht, wie auch durch J. Lorber gekündet ist: ‚Der Sohn (also das Kind) ist an und für sich schon umgekehrt; nur die Lumpen (sein Anhang) werden ihm noch ausgezogen!' Ich habe manche Lorberbrüder gefragt: ‚Wenn unser himmlischer Vater nicht selbst durch Sein heiliges Liebe-Opfer Sein erstes Schöpfungskind zur Umkehr brachte, wer anders vermöchte es und wann?!'

Ist es nicht vermessen gegen den ‚Sieg auf Golgatha' anzukämpfen, noch immer nicht zu begreifen, daß GOTT auch Großes, eben dieses, was bisher noch unbekannt war, nunmehr enthüllt? Ist es nicht sehr traurig, wenn manche ‚Liebe-Redner' noch immer mit Haß und Unverständnis gegen des Schöpfers Kind ankämpfen, statt für alle Armen zu beten? Oder brauchen diese Freunde noch immer einen ‚Schuldabladeplatz', wie Adam GOTT und Eva für seinen eigenen Fall verantwortlich machen wollte?!

Gewiß ist es nicht ohne weiteres aufzunehmen, daß unser aller Erlöser und Heiland, durch Sein Golgatha, die Sadhana zur Umkehr brachte. Und gerade das ist der Kernpunkt, das ‚heilige Primat' der Erlösung!

Noch gibt es für uns gezählte arme Wesen, die jetzt sogar heftiger toben, als es ihr einstiger Anführer ‚Luzifer' tat, der ‚sein wollte wie Gott' (s. 1. Mo. K. 3) und sich deshalb selbst diesen Namen gab. Aber – und das ist URs heilge Gerechtigkeit:

Als **letztes** Kind wird Sadhana einst heimkehren, wenn alle Mitgefallenen und alle Kinder **vor ihr** ins Lichtreich wieder eingehen können. Umkehr und Heimkehr ist zweierlei; leider wird das mit Absicht gern verwechselt, nur um Fehler, die es nicht gibt, aufzuzeigen.

Warum wird dieses Bedeutsame mißachtet und verdreht? Nochmals sei auf J. Lorber hingewiesen, Gr. Ev. Joh. Bd. 10, Kap. 188,21: ‚Du wirst zwar nicht verstehen, was Ich damit sagen will: Der verlorene Sohn ist wohl schon auf der Umkehr, aber es wird noch nahezu endlos lange Zeit vonnöten sein, bis er völlig in das alte Vaterhaus zurückkehren wird!' Gerade diese Aussage findet sich im UR-Werk, sogar in erweiterter Form der Enthüllung, vor.

Es gibt keinen blinden Zufall, daß gerade dieses Hochbedeutsame vor rund hundert Jahren und jetzt in für uns gesteigerter Form enthüllt worden ist. Wir alle haben Grund zur Freude und zur Dankbarkeit gegen unseren Vater UR!

Aufgeschlossenen NO-Freunden ist es ein Bedürfnis, Widersprüche aufzuklären, zumal auch der Herr durch J. Lorber sagen läßt, Er hätte Widersprüche, die aus dem Menschlichen kommen und nicht von Ihm gewollt, zugelassen, damit der Mensch geistig tätig sei und nicht im Nur-Wortglauben träge werde, also auch nicht stehen bleiben sollte.

Es ist ein ungöttliches Steinewerfen, gegen JESU Opfersieg in Seiner Golgatha-Nacht anzugehen und für unwahr hinzustellen, daß mit Seinem hochheiligen ‚**Es ist vollbracht!**‘, Sadhana zur Umkehr kam. Der Herr hat nicht gesagt: ‚Es **wird** vollbracht werden!‘ Frage: Wann, von wem?!

Welch herrliche Aufschlüsselung der sieben Mosaischen Schöpfungstage wird im Werk ‚UR-Ewigkeit in Raum und Zeit‘ (kurz UR-Werk genannt) uns zuteil. In einer Klarheit sondergleichen wird die geistige Schöpfung, die Beschaffenheit des Empyreums (Lichtreich), die Willensfreiheitsprobe, der Sündenfall, die aus Letzterem entstandene Materie als Auffangstätte der Hingefallenen enthüllt, nicht zuletzt die grandiose Schöpfungsentscheidung, samt Endgericht. Letzteres ist kein Zornakt Gottes, wie altkirchlich und vielseits hingestellt, sondern es gilt der Läuterung der Abgefallenen, der verirrten und verwirrten Menschheit und bedeutet: Wieder-aufrichten, Gerade-richten, Heim-richten!

Wie armselig, bedauernswert erscheinen alle Äußerungen, ganz gleich aus welchem Grunde, die das uns so tröstende Licht der Gnade herabsetzen wollen. Aber könne -? GOTT sendet Seine Propheten und Mithilfskinder nach Seinem weisen Willen. Und sie gehen aus dem Willen freiheitlich den Weg durch die Materie; im Lichte gibt es keinen Zwang.

Frau A. W. erhält die uns allen gegebenen Botschaften intuitiv, teils durch Schauungen. Manche NO-Freunde, sicher auch gut gemeint, denken nun, sie müßten genau so wie J. Lorber die Botschaften oder Worte erhalten und ist dabei festgestellt worden, wie vieles oft nur abgeschrieben worden ist. Von allzu vielen Wiederholungen noch zu schweigen.

Es kann jedermann lesen, anerkennen oder ablehnen, was und wie er will, nur sollte niemand dogmatisch sein, alles, was er nicht versteht oder nicht in seine Ansicht paßt, als Irrlehre abzutun. Vielleicht geht dabei mancher an Gottes Gnadenlicht vorbei.

Liebe und sehr reife Freunde sind schon bei uns eingekehrt, auch aus weiterer Fremde und haben keine langen Fahrten gescheut, mit uns über alles zu sprechen.

Es sei dabei noch gesagt: Es gibt wie früher so heute des himmlischen Vaters herrliche Führungen; und wo sich solche zeigen, sollte es da keine Wahrheit geben?

Wir kannten eine Frau Professor in Berlin, nicht persönlich, und diese hatte schon 1960 das UR-Werk voll und ganz finanziert, Druck und Verbreitung. Die zweite Auflage des Werkes wurde von einem hoch aufgeschlossenen Doktor aus Westfalen ebenfalls voll bezahlt. Eine uns gleichfalls nicht persönlich bekannte Österreicherin brachte ganz aus sich den vollen Betrag auf, um ‚Das Gnadenbuch‘ herausgeben zu können, wie auch jetzt zuletzt gute getreue Leserfreunde aus Kärnten für das Büchlein ‚Wenn ihr nicht werdet wie die Kinder‘ ebenfalls ganz aus sich das Angebot der vollen Bezahlung machten und entrichtet haben. Sehr große Hilfe kam auch aus der Schweiz und Oberösterreich.

In all den Jahren gingen viele liebe Gaben ein und wurden ausschließlich für die weiteren erhaltenen Offenbarungen verwendet: Druck und Versand. Sollten diese offensichtlichen Führungen, für uns tatsächlich oft Wunder, ohne jeden hohen Sinn und Willen Gottes sein?

Da möchte ich auf eine Bibelstelle hinweisen.

‚Es ist zu erkennen das Geheimnis Gottes,
in welchem verborgen liegen alle Schätze
der Weisheit und Erkenntnis!‘   (Kol. 2,3)

Wollen wir uns zur Freude unseres himmlischen Vaters bemühen, uns gegenseitig zu dienen, zu ertragen, zu helfen in jener
Tat-Liebe, die der Heiland immer wieder hervorgehoben hat:

,Tut untereinander, wie ICH euch getan haben!'

Weiz, Oktober 1982   Josef Brunnader
(UR Heft 9 1982, S. 3–8).

4. „Ein Jahrgang durch Gottes Wort"

Die ersten sieben Tage im Juli:

1. Juli

Heilig-guter Vater, lasse mich an diesem Morgen Dir von volls-
tem Herzen danken, immer wieder für Dein Wort, das Du uns
gibst:
,Ich bin die Auferstehung und das Leben!'

Joh. 11,25

Dir danken wir, Herr Jesu Christ,
daß Du vom Tod erstanden bist,
und hast dem Tod zerstört sein Macht
und uns zum Leben hast gebracht.
Halleluja.

1560

Dein Opfer, o Heiliger, und die Auferstehung sind heute noch
genau so gültig wie einstens von Dir dargebracht. Lasse uns, Heiland, dessen anteilig werden durch Deine große herzliche Barmherzigkeit, bis wir heimgefunden haben in Dein Reich. Amen.

2. Juli

Herr aus Deinen Abschiedsreden leuchtet uns das Mahnwort auf:
‚Ein Beispiel habe Ich euch gegeben, daß ihr tut, wie Ich euch getan habe.‘

Joh. 13,15

Dir, Vater, nachzuwandeln, wie Du es herrlich angegeben hast, ach, wer vermag das wohl? Aber laß mich freudig singen:
Befiehl du deine Wege,
und was dein Herze kränkt,
der allertreusten Pflege,
Des, der den Himmel lenkt.
Der Wolken, Luft und Winden,
gibt Wege, Lauf und Bahn,
der wird auch Wege finden,
da dein Fuß gehen kann.

1730

Gibst Du, mein Herr, mir diesen Weg, dann kann ich tun, wie Du es liebevoll geboten hast. Dank Deiner Gnade.

3. Juli

‚Mit-retten‘, denkt Samuel und weiß, wie schwer es ist. Er sagt: ‚Es ist das Menschliche am Menschen, man weiß trotz Gnadenworte nie genau, ob man alles richtig tut. Herr, Dir will ich vertrauen.‘

Der Eine

Das, mein guter Vater, habe ich schon oft an mir erlebt, habe auch gefragt, ob mein Tun und Lassen richtig sei. Selbst habe ich noch viel vom Menschlichen an mir; allein – ich weiß mich dennoch eingehüllt in Deine Güte. Wie Samuel es tat, also will ich Dir allein vertrauen, Du führst ja meine Seele, meinen Geist. Amen.

4. Juli

Wenn ein neuer Morgen tagt, so fragt man sich: was wird er heute bringen? Ich aber, Vater UR, fühle mich von Dir getragen. Du sagst:
‚Ich bin der Weg, die Wahrheit und das Leben!‘

Joh. 14,6

Herr, immerdar zu wissen, weil DU ja für mich alles in allem bist: Weg, Wahrheit und Leben, so bekenne ich:
Weg hast du allerwegen,
an Mitteln fehlt Dir's nicht,
Dein Tun ist lauter Segen,
Dein Gang ist lauter Licht.
Dein Werk kann niemand hindern,
Dein Arbeit darf nicht ruhn,
wenn du, was Deinen Kindern
ersprießlich ist, willst tun.

1730

5. Juli

Ich schlage wieder eine von den Offenbarungsherrlichkeiten auf, es gibt ja jeden Tag die neue Kraft, die der Mensch bedarf. Immer steht Dein Trost bereit, heilig-guter Vater-Gott, wie es lautet:
‚Was der Mensch verfehlt, ohne argen Willen, das kann gestrichen werden, bevor ein Heimkehrkind die Schwelle Meines Heiligtums betritt. Abgerechnet wir zwar stets, weil ohne dem es keine Seligkeiten gibt.‘

Der Eine

Ja, Vater, ich erkenne es, wie viel Du einmal mit mir abzurechnen hast, bis alle meine Schuld und Fehle ausgeglichen sind. Allein:
Auf Gnade darf man trauen,
man traut ihr ohne Reu,
und wenn mir je will grauen,
es bleibt: Du, Herr, bist treu! Amen.

6. Juli

‚Den Frieden lasse ich euch, meinen Frieden gebe Ich euch.
Nicht gebe Ich euch, wie die Welt gibt. Euer Herz erschrecke
nicht und fürchte sich nicht.'

Joh. 14,27

Eins ist Not!
Ach Herr, dies eine, lehre mich erkennen doch;
alles andere, wie's auch scheine, ist ja nur ein schweres Joch.
Darunter das Herze sich naget und plaget,
und dennoch kein wahres Vergnügen erjaget,
Erlang ich dies Eine, dass alles ersetzt,
so werd' ich mit Einem in allem ergötzt.

1657

O ja, mein Vater-Heiland, **Dein** Friede ist und bleibt das Eine!

7. Juli

Herr, aus Deinem gestrigen Frieden ist es abermals ein Trost-
wort ohnegleichen, an das man sich so recht verankern kann. Du
sagst:
‚Ein Verbergen ohne jede Offenbarung gab es bei Mir nie. Was
hätte Ich davon, Mir ein Volk zu schaffen und Mich nicht zu zeigen? Schau und Lehre gingen (gehen) immer Hand in Hand!'

Der Eine

Vater UR, wer dich nicht sieht, der denkt, Du würdest Dich verbergen. Du hast jedoch ‚Dein Anbild' in die Herzen Deiner Kinder eingegraben; und mit Dir im Geist verbunden, das ist doch
die echte Schau. Im Herzen, Vater, bete ich Dich an. Amen

(Jahrgang o. J., S. 121–126).

VIII Literatur

Primärliteratur

Brunnader, Josef: Universelle Gottesoffenbarung durch Anita Wolf. Ihr Leben und ihr Werk. Hrsg. v. Vereinigung Treuhandgruppe e. V. Weiz 1990 [Kurztitel: Brunnader 1990].

Brunnader, Josef u. Jürgen Herrmann: Universelle Gottesoffenbarung durch Anita Wolf. Ihr Leben und ihr Werk 1900–1989. Hrsg. v. Anita-Wolf-Freundeskreis e. V. Stuttgart o. J.

Das Augsburger Bekenntnis Deutsch 1530–1980. Revidierter Text. Hrsg. v. Günther Gaßmann in Zusammenarb. m. Niels Hasselmann. 6. Aufl. Göttingen 1988 [Kurztitel: CA 1988].

Die Bibel. Lutherübersetzung. Revidierte Ausgabe. Hrsg. v. Deutsche Bibelgesellschaft. 2017.

Evangelisches Gesangbuch. Ausgabe für die Evangelische Kirche im Rheinland, die Evangelische Kirche von Westfahlen, die Lippische Landeskirche. Bielefeld/Neukirchen-Vluyn 1996 [Kurztitel: EG].

Evangelisch-lutherisches Kirchengesangbuch. Ausgabe für die evangelisch-lutherischen Kirchen Niedersachsens. Hannover/Göttingen 1989 [Kurztitel: ELKG].

Gesangbuch der Evangelischen Brüdergemeine. Hrsg. v. Evangelische Brüder-Unität/Herrnhuter Brüdergemeine Bad Boll–Herrnhut–Zeist. Basel 2007 [Kurztitel: GEB].

Gotteslob. Katholisches Gebet- und Gesangbuch. Ausgabe für das Erzbistum Köln. Hrsg. v. (Erz-) Bischöfe Deutschlands und Österreichs und Bischof von Bozen-Brixen. 2. Aufl. Stuttgart 2014 [Kurztitel: GL].

Hummel, Franziska: Aus der Königsquelle. Symbolische Begleitbilder zu UR-Ewigkeit in Raum und Zeit und anderen Werken von Anita Wolf. Gezeichnet von Franziska Hummel. Hrsg. v. Vereinigung Treuhandgruppe e. V. Weiz 1984.

Lorber, Jakob: Das große Evangelium Johannis. Bd. 7. Bietigheim 1967 [Kurztitel: Evangelium Johannis 1967].

Luther, Martin: Der große und der kleine Katechismus. 3. Aufl. Göttingen 2003 [Kurztitel: Katechismus 2003].

UR – Das wahre Ziel. Freies geistwissenschaftliches Mitteilungsblatt. Heft 1. Hrsg. v. Vereinigung Treuhandgruppe e. V. Weiz 1967 [Kurztitel: UR Heft 1 1967].

UR – Das wahre Ziel. Freies geistwissenschaftliches Mitteilungsblatt. Heft 6. Hrsg. v. Vereinigung Treuhandgruppe e. V. Weiz 1979 [Kurztitel: UR Heft 6 1979].

UR – Das wahre Ziel. Freies geistwissenschaftliches Mitteilungsblatt. Heft 7. Hrsg. v. Vereinigung Treuhandgruppe e. V. Weiz 1980 [Kurztitel: UR Heft 7 1980].

UR – Das wahre Ziel. Freies geistwissenschaftliches Mitteilungsblatt. Heft 8. Hrsg. v. Vereinigung Treuhandgruppe e. V. Weiz 1981 [Kurztitel: UR Heft 8 1981].

UR – Das wahre Ziel. Freies geistwissenschaftliches Mitteilungsblatt. Heft 9. Hrsg. v. Vereinigung Treuhandgruppe e. V. Weiz 1982 [Kurztitel: UR Heft 9 1982].

UR – Das wahre Ziel. Freies geistwissenschaftliches Mitteilungsblatt. Heft 10. Hrsg. v. Vereinigung Treuhandgruppe e. V.
Weiz 1985 [Kurztitel: UR Heft 10 1985].

Wolf, Anita: Das Gnadenbuch. Hrsg. v. Vereinigung Treuhandgruppe e. V. Weiz o. J.

Wolf, Anita: Die sieben Eigenschaften Gottes im Lichte des Johannes-Evangelium. Hrsg. v. Vereinigung Treuhandgruppe
e. V. Weiz o. J. [Kurztitel: Eigenschaften Gottes o. J.].

Wolf, Anita: Ein Jahrgang durch Gottes Wort. Hrsg. v. Vereinigung Treuhandgruppe e. V. Weiz o. J. [Kurztitel: Jahrgang
o. J.].

Wolf, Anita: Vortragsmappe. Hrsg. v. Anita-Wolf-Freundeskreis
e. V. Stuttgart o. J. [Kurztitel: Vortragsmappe o. J.].

Wolf, Anita: Als Mose starb. Hrsg. v. Anita Wolf. Hannover
1954.

Wolf, Anita: Der Thisbiter. Hrsg. v. Anita Wolf, o. O. 1954.

Wolf, Anita: Karmatha. Die geistige Entwicklung Jakob Lorbers
vor seiner Erdenmission (= Schriftenreihe Urgemeinde,
Heft 15, 16 u. 17). Hrsg. v. Karl L. Veit. Wiesbaden 1955
[Kurztitel: Karmatha 1955].

Wolf, Anita: Und es ward hell. Hrsg. v. Vereinigung Treuhandgruppe e. V. Weiz 1956.

Wolf, Anita: Der Patriarch, Abraham. Eines UR-Erzengels Leben. (= Schriftenreihe Urgemeinde Heft 18 (I) u. 19 (II)).
Hrsg. v. Karl L. Veit. Wiesbaden-Schierstein 1956.

Wolf, Anita: UR-Ewigkeit in Raum und Zeit. Hrsg. v. Vereinigung Treuhandgruppe e. V. 3. Aufl. Stuttgart 1983.

Wolf, Anita: Gedichte. Hrsg. v. Vereinigung Treuhandgruppe e. V. Weiz 1984 [Kurztitel: Gedichte 1984].

Sekundärliteratur

Daxner, Andrea: Wi(e)der die Wahrheit. Neuoffenbarungsbewegungen am Beispiel der Lorber-Bewegung. Eine Herausforderung für Seelsorge, Beratung und Forschung. Dissertation. Wien 2003 [Kurztitel: Daxner 2003].

Deichgräber, Reinhard: Gott ist genug. Liedmeditationen nach Gerhard Tersteegen. 2. neubearb. Aufl. Göttingen 1997 [Kurztitel: Deichgräber 1997].

Eggenstein, Kurt: Der Prophet Jakob Lorber verkündet bevorstehende Katastrophen und das wahre Christentum. 16. überarb. Aufl. Simmern 2019.

Evang, Martin u. Ilsabe Seibt (Hrsg.): Liederkunde zum Evangelischen Gesangbuch. Heft 19. Göttingen 2014 [Kurztitel: Evang/Seibt 2014].

Fincke, Andreas: Jesus Christus im Werk Jakob Lorbers. Untersuchungen zum Jesusbild und zur Christologie einer ‚Neuoffenbarung‘. Dissertation (unveröffentlicht). Halle-Wittenberg 1992 [Kurztitel: Fincke 1992].

Hahn, Gerhard u. Jürgen Henkys (Hrsg.): Liederkunde zum Evangelischen Gesangbuch. Heft 13. Göttingen 2007 [Kurztitel: Hahn/Henkys 2007].

Hutten, Kurt: Seher, Grübler, Enthusiasten und religiöse Sondergemeinschaften der Gegenwart. 15. Aufl. Stuttgart 1997 [Kurztitel: Hutten 1997].

Hutten, Kurt: Die Glaubenswelt des Sektierers. Das Sektentum als antireformatorische Konfession – sein Anspruch und seine Tragödie. Hamburg 1957 [Kurztitel: Hutten 1957].

Junge, Michael: Das Johannes-Evangelium. Luthers Auslegung. Lorbers Erklärung. Kommentierte Darstellung. Norderstedt 2014 [Kurztitel: Junge 2014].

Kahir, M.: Nahe an 2000 Jahre. Gegenwart und Zukunft in prophetischer Schau. 8. Aufl. Bietigheim 1992.

Kahir, M.: Mystik und Magie der Sprache. Das verlorene Wort. Bietigheim 1996.

Kothmann, Thomas: Glauben und Leben im Kirchenjahr. Die christlichen Feste, Gedenk- und Feiertage. 2. durchges. Aufl. Neuendettelsau 2017 [Kurztitel: Kothmann 2017].

Martin, Wilhelm: Sonne, Weltall, Materie in revolutionärer Sicht. Bietigheim 1969.

Mohr, Victor: Weltbild des Geistes. 4 Bde. Bietigheim 1962.

Pöhlmann, Matthias (Hrsg.): Universelles Leben. Beiträge zu einer umstrittenen Neureligion (= EZW-Texte 213). Berlin 2011 [Kurztitel: Pöhlmann 2011].

Pöhlmann, Matthias (Hrsg.): Was kommt nach dem Tod? Nahtoderfahrungen, Jenseitsbilder und die christliche Hoffnung (= EZW-Texte 245) Berlin 2016 [Kurztitel: Pöhlmann 2016].

Pöhlmann, Matthias u. Christine Jahn (Hrsg.): Handbuch Weltanschauungen, religiöse Gemeinschaften, Freikirchen. Gütersloh 2015 [Kurztitel: Pöhlmann/Jahn 2015].

Rinnerthaler, Reinhard: Zur Kommunikationsstruktur religiöser Sondergemeinschaften am Beispiel der Jakob-Lorber-Bewegung. Dissertation (unveröffentlicht). Salzburg 1982 [Kurztitel: Rinnerthaler 1982].

Schilling, Heinz: Martin Luther. Rebell in einer Zeit des Umbruchs. 3. durchges. Aufl. München 2014 [Kurztitel: Schilling 2014].

Stettler-Schär, Antoinette: Jakob Lorber. Zur Psychologie eines Sektenstifters. Inaugural-Dissertation. Bern 1966 [Kurztitel: Stettler-Schär 1966].

Universelles Leben (Hrsg.): Das ist Mein Wort. Alpha und Omega. Die Christus-Offenbarung, welche inzwischen die wahren Christen in aller Welt kennen. Marktheidenfeld 2011.